Botschen/Stoss · Strategische Geschäftseinheiten

Günther Botschen/Karl Stoss

Strategische Geschäftseinheiten

Marktorientierung im Unternehmen organisieren

SPRINGER FACHMEDIEN WIESBADEN GMBH

Die Deutsche Bibliothek – CIP – Einheitsaufnahme

Botschen, Günther :
Strategische Geschäftseinheiten : Marktorientierung
im Unternehmen organisieren /
Günther Botschen / Karl Stoss : Gabler, 1994

NE: Stoss, Karl

Der Gabler Verlag ist ein Unternehmen der Verlagsgruppe Bertelsmann International.

© Springer Fachmedien Wiesbaden GmbH 1994
Ursprünglich erschienen bei Betriebswirtschaftlicher Verlag Dr. Th. Gabler GmbH, Wiesbaden 1994
Softcover reprint of the hardcover 1st edition 1994
Lektorat: Ulrike M. Vetter

Das Werk einschließlich aller seiner Teile ist urheberrechtlich geschützt. Jede Verwertung außerhalb der engen Grenzen des Urheberrechtsgesetzes ist ohne Zustimmung des Verlags unzulässig und strafbar. Das gilt insbesondere für Vervielfältigungen, Übersetzungen, Mikroverfilmungen und die Einspeicherung und Verarbeitung in elektronischen Systemen.

Höchste inhaltliche und technische Qualität unserer Produkte ist unser Ziel. Bei der Produktion und Verbreitung unserer Bücher wollen wir die Umwelt schonen: Dieses Buch ist auf säurefreiem und chlorarm gebleichtem Papier gedruckt. Die Einschweißfolie besteht aus Polyäthylen und damit aus organischen Grundstoffen, die weder bei der Herstellung noch bei der Verbrennung Schadstoffe freisetzen.

Die Wiedergabe von Gebrauchsnamen, Handelsnamen, Warenbezeichnungen usw. in diesem Werk berechtigt auch ohne besondere Kennzeichnung nicht zu der Annahme, daß solche Namen im Sinne der Warenzeichen- und Markenschutz-Gesetzgebung als frei zu betrachten wären und daher von jedermann benutzt werden dürften.

Umschlaggestaltung: Schrimpf und Partner, Wiesbaden
Satz: Satzstudio RESchulz, Dreieich-Buchschlag
ISBN 978-3-663-05811-3   ISBN 978-3-663-05810-6 (eBook)
DOI 10.1007/978-3-663-05810-6

Inhaltsverzeichnis

1. Einleitung und Überblick 7
2. Leitbilderstellung und Kernstrategie 15
   - Funktionen des Leitbildes 15
   - Prozeß der Leitbilderstellung 16
   - Beispiel eines Leitbildes 21
   - Kernstrategie 22
3. Die Bildung strategischer Geschäftseinheiten 29
   - Identifikation von Kundenerwartungen
     und gesuchten Problemlösungen 35
   - Bestimmung von Merkmalen zur Bildung und
   - Beschreibung von Kundensegmenten 38
   - Bildung von Segmenten 39
   - Ziele der Segmentierung – Erste Reduktion 40
   - Attraktivität der Segmente – Zweite Reduktion .. 43
   - Identifikation von Konkurrenten 44
   - Kriterien zur Wettbewerbs- und Stärken/Schwächen-
     analyse 46
   - Analyse der Wettbewerbssituation pro Segment ... 47
   - Segmentportfolio 48
   - Erfüllungsgrad der Nutzenerwartungen pro Segment
     im Vergleich zur Konkurrenz 50
   - Auswahl der Segmente – Dritte Reduktion 51
   - Bildung von Produkt-Marktkombinationen 52
   - Überführung der Produkt-Marktkombinationen
     in strategische Geschäftseinheiten 57
   - Erarbeitung segmentspezifischer strategischer Pläne .. 60
4. Organisatorische Verankerung
   strategischer Geschäftseinheiten 71
   - Strategie und Struktur – zwei sich wesentlich
     bindende Elemente 72
   - Unterschiedliche Ansätze für eine organisatorische
     Verankerung der strategischen Geschäftseinheiten ... 73

- Möglichkeiten der organisatorischen Verankerung von strategischen Geschäftseinheiten 75
- Zusammenfassende Betrachtung der organisatorischen Verankerung von SGE's 87
- Entscheidende Rahmenbedingungen bei der Umsetzung einer SGE-Struktur 88
- Grundsätze einer strategisch strukturellen Ausrichtung der neu gebildeten SGE's 89
- Psychologische Aspekte von Reorganisationen 93

5. Das Management der strategischen Geschäftseinheiten .. 95
   - Komplexitätsreduktion durch eine verstärkte Dezentralisation 96
   - Der Beruf der Führungskraft 97
   - Grundsätze wirksamer Führungskräfte 100
   - Die Aufgabe lautet: working smarter 102
   - Management als Beruf und nicht als Berufung 105
   - Management heißt auch Konzentration 108
   - Welche Managementkompetenzen brauchen wir 110
   - Wesentliche Elemente für ein erfolgreiches Management der SGE's 113

6. Schlußbemerkungen 117

Anhang 121

A. Analysefragebogen zur Entwicklung eines Unternehmensleitbildes 123
B. Beispiel eines Leitbildes „Städtische Bäder" 127
C. Konkurrenzanalyse 131
D. Formulare Umfeld-, Konkurrenz- und Unternehmensanalyse 135
E. Formulare Geschäftseinheit-Optionen 139
F. Formulare Geschäftseinheit-Grundstrategie 143
G. Formulare Funktionendiagramme 151
H. Formulare Organisatorische Schnittstellen-Analyse 155

Literaturverzeichnis 159
Abbildungsverzeichnis 163
Stichwortverzeichnis 167

1. Einleitung und Überblick

Jede Organisation oder Unternehmung findet ihre Existenzberechtigung durch die kontinuierliche Erfüllung von Bedürfnissen und Erwartungen einer oder mehrerer Gruppen von Personen. Der eigentliche Unternehmenszweck, häufig auch als „Existenzgrundlage" der Unternehmung bezeichnet, läßt sich bei der Gründung eines Unternehmens meist wesentlich leichter erkennen und festlegen. Im Laufe des Wachstums verändert sich häufig der ursprüngliche Zweck. Die „Existenzgrundlage" der Unternehmung verschwimmt durch die Hinzunahme neuer Produkte und Märkte. Die Wahrnehmung neuer Chancen am Markt führt zu Veränderungen des ursprünglichen Grundgedankens der Organisation.

Deshalb sollte das Management von Zeit zu Zeit überprüfen, ob der originäre Unternehmenszweck noch klar ersichtlich und von allen Schlüsselpersonen im Unternehmen nachvollziehbar ist. Den Unternehmenszweck neu zu überdenken, das bedeutet auf folgende Fragen Antworten suchen:

- „Was ist unsere Existenzgrundlage am Markt? Welchen Zweck verfolgt unsere Unternehmung in der Gegenwart und in Zukunft?"

- „Welche Ziele verfolgen wir längerfristig und mit welchen Prioritäten?"

- „Was ist unser Tätigkeitsbereich? Wer ist (sind) unsere Zielgruppe(n)?"

- „Welche Verhaltensregeln in den Austauschbeziehungen mit unseren wichtigsten Partnern (Kunden, Mitarbeitern, Lieferanten, Konkurrenten etc.) verfolgen wir?"

Die Antwort auf diese Fragen sollen im Leitbild bzw., noch klarer ausgedrückt, in der „Mission" der Unternehmung schriftlich festgehalten werden. Schriftlich, da diese Aussagen für mehrere Jahre

Gültigkeit haben sollten. Dies gewährleistet für die Mitarbeiter eine Orientierungshilfe bei der täglichen Aufgabenbewältigung. Die Entscheidung zur Aufnahme neuer Produkte und Märkte wird erleichtert. Eine klare Ausrichtung der Unternehmung hilft, ein eigenständiges unverwechselbares Profil aufzubauen, d. h., sich in den Augen der bedienten Kundengruppen, Mitarbeiter, Lieferanten, der Öffentlichkeit und anderen, für die zukünftige Existenzsicherung wichtigen Anspruchsgruppen, zu positionieren.

Die Entwicklung eines Leitbildes mit aussagekräftigen und längerfristig gültigen Statements erweist sich als schwierige Aufgabe. In *Kapitel 2* geben die Autoren Hinweise und Techniken zur besseren Bewältigung dieses Prozesses. Das Leitbild oder die Mission bildet zusätzlich den zentralen Ausgangspunkt für die strategische Planung, im besonderen für die Entwicklung und Bildung von strategischen Geschäftseinheiten.

Erfolgreiches, intensives Wachstum führt neben den angedeuteten Veränderungen im Unternehmenszweck und anderen Bereichen des Leitbildes häufig zu Problemen in den bestehenden Organisationsstrukturen und -abläufen, die den geänderten Umweltbedingungen nicht mehr gewachsen sind oder die möglichst effiziente Marktbearbeitung verhindern. Die meist nach Sparten (z. B. Produktgruppen, Funktionen) ausgerichtete betriebliche Organisation erschwert die gezielte Bearbeitung verschiedenster Kundengruppen mit unterschiedlichen Produktlinien und Leistungen. Die administrative Behandlung wird zunehmend komplexer, der Organisationsapparat bläht sich auf. Die ursprüngliche Nähe zu Kunden geht zunehmend verloren. Die Ausrichtung an deren Bedürfnissen und Problemen nimmt ab. Die Gefahr von Innovationen, die am Markt vorbeigehen wird immanent, und die Produktivität im Vergleich zur Konkurrenz nimmt ab. Die beschriebenen Zusammenhänge und negativen Entwicklungen machen auch nicht vor Firmen halt, die bis vor kurzem als Paradeunternehmen gegolten haben. Die jüngsten Beispiele von deutschen bzw. internationalen Industriekonzernen, internationalen Fluggesellschaften, Handelsketten und mittelständischen Familienbetrieben unterstreichen diese Problematik (vgl. Labich, 1992, S. 88 ff., McCarrol, 1992, S. 26 f., o.V., 1993, S. 13 ff.).

Ein fehlendes Leitbild und inadäquate Organisationsstrukturen können natürlich nicht als alleinige Ursache für diese Entwicklungen herangezogen werden. Geringe Produktivität, zu starke Konzentration auf den Wettbewerb, mangelnde Mitarbeiterqualifikation und -motivation, zu geringe Investitionen und makroökonomische Faktoren wie Rohstoffpreise, Wechselkursschwankungen und eine weltweite Stagnation oder Rezession beeinflussen neben anderen Faktoren die langfristige Existenzsicherung einer Unternehmung.

Trotz dieser Fülle von Faktoren, die auf den Erfolg einer Unternehmung einwirken, sehen die Autoren in der Auseinandersetzung des Managements mit den fundamentalen Bausteinen der strategischen Planung, der Entwicklung des Leitbildes und marktgerechter Organisationsformen zentrale Schlüsselfaktoren erfolgreicher Unternehmensführung. In der kontinuierlichen Entwicklung des strategischen Planungsprozesses und den erforderlichen marktgerechten Organisationsstrukturen zeigt sich die Fähigkeit der Manager, geänderten Markterfordernissen ausreichend schnell und flexibel nachzukommen.

Im folgenden sollen einige einfache, aber für die strategische Unternehmensplanung eminent wichtige Zusammenhänge am Beispiel des von Gälweiler (1987) entwickelten Navigationsschemas aufgezeigt werden. Für die Erhaltung der Lebensfähigkeit eines jeden Unternehmens sieht Gälweiler die Kontrolle über die nachfolgend dargestellten Steuergrößen – und die Orientierung an denen – als unabdingbar.

Als überlebensrelevante Steuergröße von Unternehmungen steht die Liquidität voran. Denn Organisationen überleben bekanntlich nicht aufgrund entsprechender Gewinne oder Verluste, sondern in erster Linie aufgrund ihres Liquiditätsgrades. Allerdings wäre es eine zu kurzfristige Betrachtung, wenn Unternehmungen allein mit Hilfe der Liquidität gesteuert würden. Mit Hilfe dieser Steuergröße kann nur ein relativ kurzer Zeithorizont überblickt werden. Die Liquidität einer

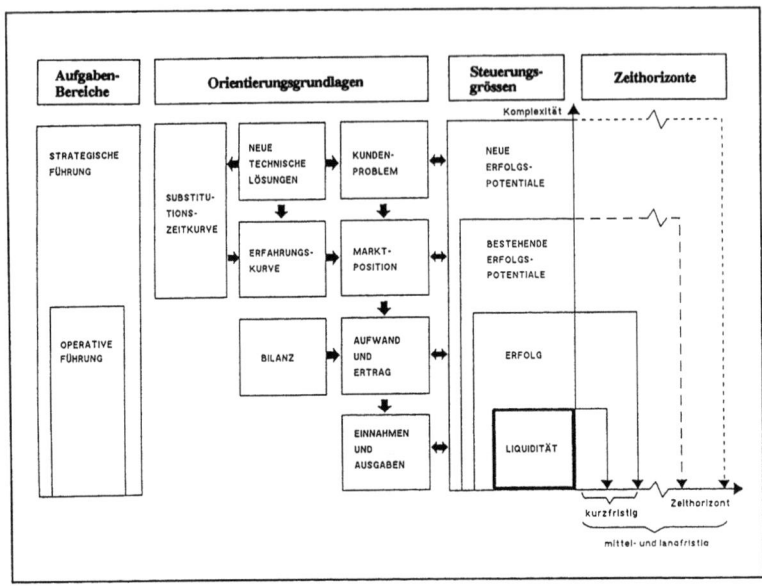

Abb. 1a: Navigationsschema nach Gälweiler (in: Gälweiler, 1987)

Organisation orientiert sich an den von der Unternehmung getätigten Einnahmen und Ausgaben, einschließlich der zur Verfügung gestellten Kreditlimite.

Der Liquidität vorgelagert und damit eine im zeitlichen Horizont erweiterte Steuergröße ist der betriebswirtschaftliche Erfolg. Dieser orientiert sich in erster Linie an den vom Unternehmen verursachten Aufwendungen bzw. erwirtschafteten Erträgen. Zwischen der Liquidität und dem betriebswirtschaftlichen Erfolg besteht eine gegenläufig logische Beziehung. Das Unternehmen kann sehr wohl eine positive Liquidität aufweisen, obwohl im einen oder anderen Geschäftsjahr Verluste gemacht werden. Andererseits kann eine angespannte Liquiditätslage bestehen, obschon Gewinne erwirtschaftet werden. Entscheidend ist jedoch der mono-kausale Zusammenhang zwischen den beiden Steuergrößen, der eigentlich einen Rückschluß nur vom betriebswirtschaftlichen Erfolg zur Liquidität und nicht umgekehrt zuläßt. Der betriebswirtschaftliche Erfolg – zugegeben eine existentielle Steuergröße – kann allerdings nicht beliebig in die Zukunft projiziert oder gar extrapoliert werden. Damit der Unternehmensführung ein noch größerer Zeithorizont erschlossen werden kann, benötigt das Unternehmen andere als rein operative Größen. Dem betriebswirtschaftlichen Erfolg wiederum vorgelagerte Steuergrößen sind die gegenwärtigen bzw. bestehenden Erfolgspotentiale. Dabei handelt es sich um potentielle Erfolgsgrößen, aus denen sich der betriebswirtschaftliche Erfolg durch entsprechende Realisierung schließlich ableitet. Wesentliche Orientierungsgrößen für die Bestimmung der bestehenden Erfolgspotentiale sind die Markt- bzw. Kostenposition. Darunter werden in erster Linie die Zusammenhänge zwischen den derzeitigen Marktanteilen und der langfristig bestenfalls erreichbaren Kostenuntergrenze verstanden. Für eine wirklich erfolgreiche Unternehmensführung benötigt das Management auch ausreichende Kenntnisse über die derzeitige Position der einzelnen Geschäftsaktivitäten bzw. die wesentlichsten Bestimmungsfaktoren für den Erfolg eines Geschäftes. Auch die bestehenden Erfolgspotentiale stellen wiederum eine gewisse Vorsteuergröße für den nachgelagerten, betriebswirtschaftlichen Erfolg dar. Obwohl die Erfolgspotentiale ausgezeichnet sind, kann das Unternehmen sehr wohl Verluste machen. Andererseits erwirtschaftet das Unternehmen heute noch Gewinne, obwohl die bestehenden Erfolgspotentiale möglicherweise einem irreversiblen Erosionsprozeß unterworfen sind. An der Stelle gilt wiederum derselbe Grundsatz, daß man von einer untergeordneten Steuergröße nicht automatisch auf die Position der vorgelagerten Erfolgspotentiale schließen kann. Andererseits können aber von oben nach unten sehr wohl Aussagen zu den nachgelagerten Steuerungsgrößen getroffen werden. Je besser die bestehenden Erfolgspotentiale sind, um so wahrscheinlicher können auch entsprechende Gewinne erwirtschaftet werden.

Das von Gälweiler entwickelte Navigationssystem einer Unternehmung erschöpft sich damit jedoch noch nicht. Es stellt sich die Frage nach der Dauerhaftigkeit der derzeitigen Erfolgspotentiale. Daher wird das Steuerungssystem noch um eine weitere Ebene ergänzt, um die künftigen Erfolgspotentiale. Eine Unternehmung kann durchaus über ausreichende bestehende Erfolgspotentiale verfügen, es fragt sich jedoch, für wie lange bzw. wann Märkte in entsprechende Sättigungsphasen eintreten. Andererseits kann eine Organisation kaum bestehende Erfolgspotentiale ausweisen, während man zum Ergebnis kommt, daß man über ausgezeichnete künftige Erfolgspotentiale verfügt, die allerdings noch nicht ausgereift sind, um auch entsprechend genutzt zu werden. Als Orientierungsgrößen für die oberste Steuergröße bestehen einerseits die lösungsunabhängig formulierten Anwenderprobleme und andererseits die technologischen Substitutionsmöglichkeiten. Die Betrachtung dieser Orientierungsgrundlagen und damit verbunden auch die Notwendigkeit, sie zu definieren, zu analysieren und besser zu verstehen, führt unmittelbar zu einer von den heute bestehenden Produkten und Dienstleistungen vollkommen unabhängigen Definition des Geschäftes.

In diesem Sinne produzieren Automobilhersteller nicht Autos, Banken nicht Bankprodukte, sondern in erster Linie Lösungen für ganz bestimmte Bedürfnisse und Probleme. Daraus können wir auch den Rückschluß ziehen, daß der Markt vorrangig nach Problemlösungen und nicht nach Produkten sucht. Deshalb gelingt es Unternehmungen – wie z. B. Non- und Near-banks –, auch immer wieder, in traditionelle Geschäfte einzudringen, weil sie ein und dasselbe Problem auf eine gänzlich andere Weise zu lösen vermögen. Dieser Umstand gewinnt in Folge, wenn es um die Definition des Geschäftes geht, an Bedeutung.

Der in Abbildung 1 b dargestellte modellhafte Prozeß der strategischen Planung soll als Leitfaden für die Kapitel dieses Buches dienen und der Führungskraft in übersichtlicher Form die zentralen Stufen strategischer Planung vor Augen halten.

Wie aus Abbildung 1b hervorgeht, steht an der Spitze des Prozesses die Leitbilderstellung, gefolgt von der Kernstrategie. Die Erstellung dieser beiden Phasen wird ausführlich in Kapitel 2 behandelt.

An die Kernstrategie schließt sich die Entwicklung strategischer Geschäftseinheiten an, die nach Ansicht der Autoren eine attraktive und zeitgemäße Form marktorientierter Organisationsformen darstellt. Das Konzept der strategischen Geschäftseinheiten geht bereits auf die Anfänge der frühen siebziger Jahre zurück, als die Beratungsfirma McKinsey gemeinsam mit General Electric die Grundzüge dieses Konzeptes entwickelte und bei General Electric erfolgreich einführte (vgl. Springer, 1973, S. 1177 ff.).

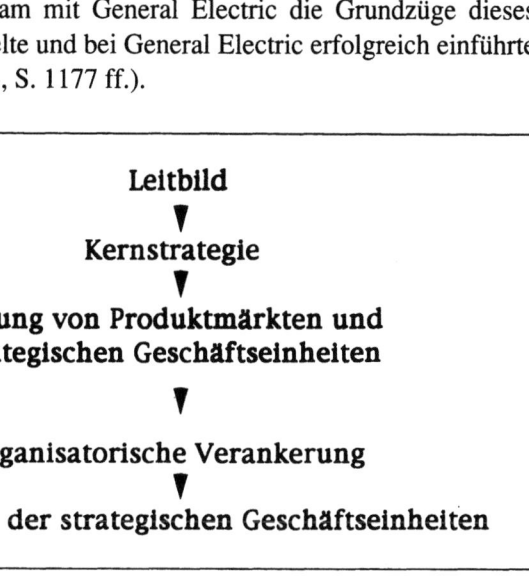

Abb. 1 b: Strategischer Planungsprozeß

Kapitel 3 setzt sich mit der Entwicklung von strategischen Geschäftseinheiten auseinander. Dabei steht vor allem die marktorientierte Segmentierung, d. h. an den Bedürfnissen ausgerichtete Bildung von Kundengruppen im Vordergrund. Die Verbindung identifizierter Kundengruppen oder -segmente mit ausgewählten Technologien führt zu Produkt-Marktkombinationen, die die Grundlage für die Bildung einer oder mehrerer strategischer Geschäftseinheiten darstellen.

Kapitel 4 zeigt mögliche Wege der organisatorischen Verankerung neugebildeter strategischer Geschäftseinheiten und *Kapitel 5* die erhöhten Anforderungen an das Management dezentraler Einheiten.

2. Leitbilderstellung und Kernstrategie

Funktionen des Leitbildes

Das Leitbild definiert Grundsätze, Ziele und das dem unternehmerischen Handeln zugrundeliegende Wertesystem. Es wird zum komprimierten Ausdruck der Unternehmensphilosophie (vgl. Bernet, 1982, S. 137). Primär hat das Leitbild eine interne Funktion. Es bildet eine Denk- und Lösungshilfe in komplexen Entscheidungssituationen, da es den Mitarbeitern die vom Unternehmen gewünschte Richtung anzeigt (Gabele/Kretschmer, 1986, S. 31). Um Effizienz in der Zusammenarbeit zu erreichen, sollten alle Mitarbeiter an „einem Strick ziehen" (vgl. Brauchlin, 1984, S. 314). Dieser „Strick" kann durch die Erarbeitung und Diffusion eines Leitbildes geschaffen werden. Im Leitbild sollen nur die grundlegenden und allgemein gültigen Vorstellungen über anzustrebende Ziele und Verhaltensweisen einer Unternehmung festgehalten werden (vgl. Brauchlin, 1984, S. 313). Nach Lovelock/Weinberg (vgl. 1984, S. 236 ff., vgl. auch Mühlbacher, Dahringer, 1991, S. 50) wird im Rahmen der Leitbilderstellung auf folgende Fragen Antwort gesucht:

Unternehmenszweck
Warum existiert diese Unternehmung?

Generelle Ziele und Prioritäten
Worauf kommt es uns bei der Erfüllung des Zwecks
der Organisation besonders an?

Tätigkeitsbereich
Was ist unsere Tätigkeit?

Verhaltensgrundsätze
Nach welchen Spielregeln wollen wir miteinander und
mit unseren externen Austauschpartnern umgehen?

Abb. 2: Dimensionen des Leitbildes

Die Leitbilderstellung erscheint für Unternehmen, die bereits länger am Markt tätig sind, besonders wichtig, da sich durch Wachstum und Hinzunahme neuer Produkte und Märkte der ursprüngliche Unternehmenszweck vielfach nur schwer nachvollziehen läßt. Die erstmalige Festlegung oder Neuformulierung des Leitbildes erlaubt den Managern, eine angestrebte Position für die Unternehmung zu bestimmen. Diese Position gibt die Rahmenbedingungen für zukünftige Geschäftsaktivitäten vor und unterstützt den Aufbau eines klaren und unverwechselbaren Profils bei Mitarbeitern und Marktpartnern.

Prozeß der Leitbilderstellung

Für die Erarbeitung des Leitbildes, ebenso für die Entwicklung der folgenden Schritte im strategischen Planungsprozeß, gibt es drei, im Ansatz unterschiedliche, Vorgehensweisen (siehe Abbildung 3).

Die Beratungsaktivitäten im Rahmen des strategischen Planungsprozesses in verschiedenen Unternehmen verdeutlichen, daß das gemeinsame Vorgehen die größte Effektivität mit sich bringt. Die Integration von Führungskräften und Mitarbeitern in den einzelnen Phasen des Erstellungsprozesses erhöht die Motivation, den Informationsaustausch und die Akzeptanz bei den Betroffenen. Das im folgenden geschilderte Ablaufdiagramm soll als Checkliste und eine Hilfestellung für die chronologische Vorgehensweise und mögliche Zeitplanung beim ersten Baustein – der Leitbilderstellung – dienen (siehe Abbildung 4).

Erfassen der Notwendigkeit der Leitbilderstellung

Die Notwendigkeit der Erarbeitung oder Neuformulierung eines Leitbildes kann von den Managern der Unternehmung selbst initiiert sein oder von Externen, z. B. Beratern oder Kollegen aus anderen Unternehmen ausgelöst werden. Die Erfahrung der Autoren unterstreicht, daß das Bedürfnis der Leitbilderstellung häufig aus Gesprächen im Rahmen unterschiedlichster Beratungserwartungen resultiert.

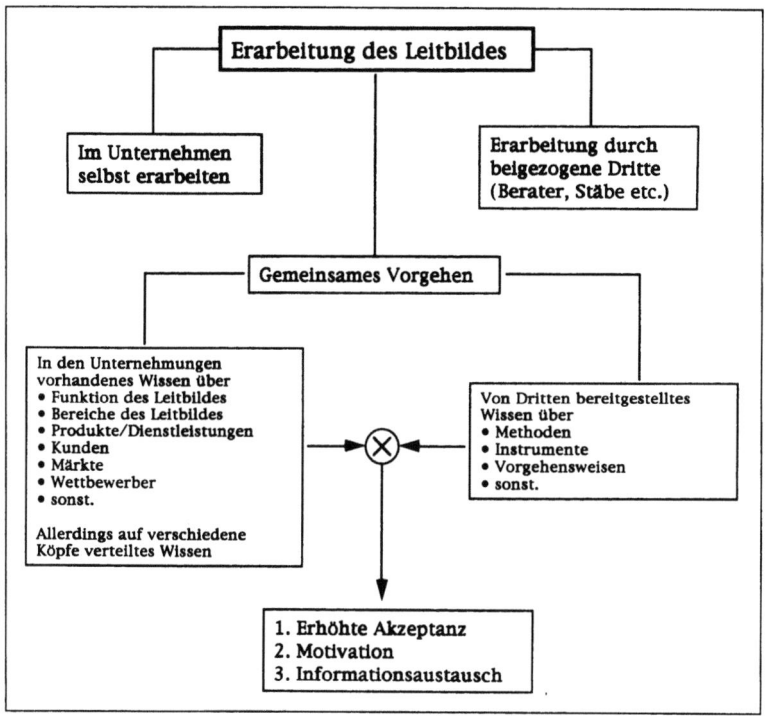

Abb. 3: Unterschiedliche Vorgehensweisen zur Erarbeitung des Leitbildes

Input-Referat durch Externe

Um Klarheit über Funktion des Leitbildes und die Vorgehensweise bei dessen Erstellung zu geben, scheint es sinnvoll, ein Input-Referat durch einen Externen halten zu lassen. Zu dieser Veranstaltung sollten alle Führungskräfte und möglichst viele Mitarbeiter eingeladen werden. In großen Firmen können auch mehrere Veranstaltungen zielführend sein. Dieser Vortrag soll die Beteiligten von der Sinnhaftigkeit und Notwendigkeit überzeugen und ihre Bereitschaft zur Mitarbeit erhöhen. Im Laufe einer anschließenden Diskussion können Zweifel und Unklarheiten reduziert werden.

1. Erfassen der Notwendigkeit der Leitbilderstellung
2. Input/Referat durch Externe
3. Bildung von Projektteams
4. Datensammlung mittels Fragebogen
5. Diskussion der Ergebnisse in den Projektteams
6. Integration der Ergebnisse in die Leadgruppe
7. Rückkoppelung und Diskussion von Widersprüchen
8. Übersetzung der Ergebnisse in Statements
9. Diskussion und Prüfung der Akzeptanz in den einzelnen Projektgruppen
10. Formulierung der Endfassung, Verteilung und Erläuterung an alle Betroffenen

Abb. 4: Ablaufdiagramm zur Leitbilderstellung

Bildung von Projektteams

Die Bildung von Projektteams erlaubt es, den Erstellungsprozeß auf die gesamte Unternehmung auszudehnen. Eine Projektgruppe die als „Leadgruppe" bezeichnet wird, setzt sich aus den Führungskräften der obersten und der nachfolgenden Ebene zusammen. Letztere bilden zugleich die Mitglieder eines weiteren Projektteams, das wieder Führungskräfte der nächsten Ebenen miteinschließt. Je nach Unternehmensgröße variiert die Anzahl der Projektteams. Wichtig ist, daß die Projektteams sich über alle Ebenen der Unternehmung erstrecken und dadurch auch Anregungen von Mitarbeitern auf der untersten Ebene berücksichtigt werden können. In besonders großen Unternehmen können mehrere Projektteams auf der gleichen Ebene entstehen. Die Anlage dieses Projektteamdesigns soll einen bestmöglichen Informationsfluß gewährleisten. Je nach Bedarf und Grad der Unsicherheit werden diese Teams durch externe Moderatoren betreut.

Datensammlung mit Fragebogen

In den Projektteams werden nun Informationen und Erfahrungen der Mitglieder, die als relevant für die Leitbilderstellung betrachtet werden, gesammelt. Als gut geeignet erweist sich ein dafür entwickelter Fragebogen, der von allen Mitgliedern der Projektteams und eventuell von zusätzlichen Mitarbeitern „nach bestem Wissen" ausgefüllt wird (siehe Analysefragebogen zur Entwicklung eines Unternehmensleitbildes im Anhang A). Falls notwendig, unterstützen die Projektteamleiter oder ein externer Moderator die Datensammlungs- und Auswertungsphase.

Diskussion der Ergebnisse in der „Leadgruppe"

Die Daten werden je nach Frage zusammengefaßt, ausgewertet und in den Projektteams diskutiert. Ergebnisse der Diskussion in jedem Team sollen erste Antworten auf die vier zentralen Fragen (siehe Abbildung 2: Dimensionen des Leitbildes) sein.

Integration der Ergebnisse in die „Leadgruppe"

Die Ergebnisse der einzelnen Teams werden im Anschluß in die „Leadgruppe" eingebracht, dort diskutiert und soweit wie möglich integriert. Unvereinbarkeit von Ergebnissen führt zu einer Rückkoppelung mit den Leitern der entsprechenden Gruppen.

Rückkopplung und Diskussion von Widersprüchen

Die betroffenen Projektleiter haben die Widersprüche in ihren Gruppen zu diskutieren und nach Auflösung zu suchen. Im Falle der Unauflösbarkeit hat die Leadgruppe über An- oder Nichtanpassung zu entscheiden.

Übersetzung der Ergebnisse in Statements

Die erhaltenen Ergebnisse werden von der Leadgruppe meist mit der Unterstützung eines externen Moderators in Statements, die die vier zentralen Fragen abdecken sollen, übersetzt.

Diskussion und Prüfung der Akzeptanz in den einzelnen Projektgruppen

Die so entwickelte, erste Fassung eines Leitbildes wird an die Projektteams zurückgespielt und dort auf Akzeptanz und Identifikation mit den Inhalten geprüft. Kommentare und Verfeinerungsvorschläge werden schriftlich festgehalten und an die Leadgruppe weitergeleitet, die deren Aufnahme und/oder Veränderungen diskutiert.

Formulierung der Endfassung, Verteilung und Erläuterungen an alle Betroffenen

Den letzten Schritt bildet die Formulierung der Endfassung, deren Druck und die Verteilung an alle Mitarbeiter der Unternehmung. Sehr hilfreich für eine zukünftige Implementierung erweist sich die Erläuterung über das Zustandekommen der Ergebnisse bei betroffenen Mitarbeitern, die an der Erstellung nicht beteiligt waren.

Die Erstellung eines Leitbildes, entsprechend den Stufen des aufgezeigten Prozesses, kann je nach Unternehmensgröße mehrere Monate in Anspruch nehmen. Das mag auf den ersten Blick sehr aufwendig und kostenintensiv erscheinen. Diese Kosten werden aber durch den enormen Informationsfluß, die starke Kommunikation über alle Abteilungen hinweg und das verbesserte Integrationsgefühl der Mitarbeiter in der Regel überkompensiert. Mitarbeiter, die die Ziele und Interessen der Unternehmung verstehen und akzeptieren, zeigen Leistungsbereitschaft, kreative Eigeninitiative und Disziplin. Durch ihr komplexes Problembewußtsein tragen sie zu einer Verbesserung des betrieblichen Ergebnisses bei.

Natürlich finden sich auch Mitarbeiter, die nur schwer zu überzeugen oder auch nicht bereit sind, an diesen Prozessen mitzuwirken. Für die meisten kann dieser Prozeß aber Klarheit über die Bedeutung des einzelnen in der Unternehmung schaffen und dadurch das Wir- und Identitätsgefühl erhöhen. Im Laufe des Erstellungsprozesses auftretende Konflikte machen Anschauungsunterschiede über Zweck, Tätigkeitsbereich, langfristige Ziele und Verhaltensspielregeln transparent und verschiedene Standpunkte verständlich. Hohes Desinteresse oder mit der Mehrheit nicht vereinbare Ansichten zu den zentralen Fragen des Leitbildes erleichtern es den Betroffenen, über ihre langfristige Karriereplanung rechtzeitig zu entscheiden und Konsequenzen zu ziehen.

Je nach Branche nimmt die Entwicklung eines einzelnen Neuproduktes bis zu sechs Jahre und meist hohe Investitionen in Anspruch. In diesem Zusammenhang werden die Kosten in monetärer, zeitlicher, psychischer und sozialer Hinsicht sehr häufig mit größter Selbstverständlichkeit getragen, selbst dann, wenn das neu eingeführte Produkt nur ein bescheidener Erfolg oder gar ein Flop wird. Da das Leitbild oder die Mission der Unternehmung, in der Bestimmung des Tätigkeitsbereichs – zu bedienende Märkte und dafür geeignete Produkte, Problemlösungen und Technologien festlegt, scheint der dafür notwendige Ressourceneinsatz gerechtfertigt.

Um die inhaltliche Ausformulierung der Leitbildfragen transparent zu machen, wird im folgenden ein fiktives Beispiel aus dem Anlagenbau dargestellt.

Beispiel eines Leitbildes

Unternehmenszweck:
„Warum existiert diese Unternehmung?"
Die zentrale Existenzgrundlage unserer Unternehmung bildet das weltweite Bedürfnis nach „turn-key"-Anlagen (die Erstellung von

fabriksfertigen Anlagen – von der Planung und Finanzierung, über die Errichtung, Schulung und Training der Mitarbeiter und der kontinuierlichen Nachbetreuung) in Industriebetrieben verschiedenster Größenklassen, die sich auf die Herstellung von Zellulose und Papier spezialisiert haben.

Ein weiteres Standbein unseres Geschäftes stellt das Bedürfnis nach Erweiterung oder upgrading (der Installation von neuen, innovativen Verfahren) in bestehende eigene und fremde Anlagen dar.

Generelle Ziele und Prioritäten:
„Worauf kommt es uns bei der Erfüllung des Zwecks der Organisation besonders an?"

Höchste Kundenzufriedenheit durch genaue Erforschung der Bedürfnisse unserer Kunden und Beratung in der Planungsphase, außergewöhnliche Sorgfalt und Flexibilität in der Erstellungsphase und intensive Nachberatung und Garantieleistungen.

Laufend hohe Investitionen in die Aus- und Weiterbildung unserer Mitarbeiter, um die fachliche und persönliche Qualifikation zu erhöhen und den Markterfordernissen anzupassen.

Ein angemessener Cash-flow, um Investitionen zur Verbesserung unserer Technologie und Technikkompetenz, unseres Know-hows im Projektmanagement und bei der Errichtung von „turn-key"-Anlagen zu gewährleisten.

Durch den Nachweis von perfekten Referenzanlagen, die Akquisition von neuen Aufträgen zu erleichtern.

Durch die regelmäßige Zusammenkunft mit anderen relevanten Partnern unserer Unternehmung (Kapitalgeber, Lieferanten, Medien, Behörden, Umweltgruppen) wollen wir mögliche Konfliktfelder rechtzeitig erkennen, um diese frühzeitig reduzieren oder bereinigen zu können.

Tätigkeitsbereich:
„Was ist unsere Tätigkeit?"

Der Tätigkeitsbereich unserer Unternehmung erstreckt sich auf alle privaten, öffentlichen und teilöffentlichen Organisationen und Institutionen im Zellulose- und Papierbereich weltweit, die bei der Planung, Erstellung, Erweiterung oder dem upgrading von Anlagen besonders auf folgende Kompetenzen Wert legen:

- hohe Technologie/Technik-Kompetenz
- spezielles Know-how in Projekt- und Abwicklungsmanagement (Sorgfalt und Schnelligkeit)
- „turn-key"-Kompetenz
- Finanzierungskompetenz
- persönliche (durch eigenes Personal) Kundenpflege in der Beratungs-, Planungs-, Erstellungs- und Nachbetreuungsphase
- höchste Qualifikation der Mitarbeiter
- Nachweis von Referenzanlagen
- lokale Fachvertretungen vor Ort
- hohe Flexibilität und Garantiebereitschaft

Verhaltensgrundsätze:
„Nach welchen Spielregeln wollen wir miteinander und mit unseren externen Austauschpartnern umgehen?"

„Die Qualität unserer Leistungen wird zum größten Teil durch die Fähigkeit und Motivation unserer Mitarbeiter bestimmt. Wir verlangen daher von unseren Mitarbeitern auf allen Ebenen und Bereichen Feedbacks zur laufenden Verbesserung der Jobsituation.

Wir ermutigen unsere Lieferanten, die neuesten und effizientesten Techniken in der Produktion einzusetzen und Qualitätsmanagement, nach den letzten Erkenntnissen von Wissenschaft und Technik, zu betreiben.

Durch umweltorientierte Aktivitäten und Entwicklungen versuchen wir, den Goodwill und das Vertrauen der Bevölkerung aufrechtzuerhalten und weiter zu festigen.

Die enge Kooperation mit verschiedenen Print- und TV-Medien erlaubt es uns, regelmäßig über interessante Erfindungen und Weiterentwicklungen in verschiedenen Bereichen des Anlagenbaus zu berichten. Diese Medien haben sich zu einem wertvollen Kommunikationspartner entwickelt.

Für unsere Kapitalgeber stellen wir durch die Erwirtschaftung eines angemessenen Return on Investments, einen verläßlichen und kompetenten Partner dar.

Mit unseren wichtigsten Konkurrenten haben wir verschiedene Kooperationsbereiche etabliert und suchen ständig nach weiteren.

Bei der inhaltlichen Ausgestaltung des Leitbildes muß darauf geachtet werden, daß der Konkretisierungsgrad in den vier Bereichen eine Differenzierung gegenüber Konkurrenten erlaubt und trotzdem eine längerfristige Gültigkeit der Inhalte gewährleistet werden kann.

Der Großteil der zur Erstellung notwendigen Informationen kann aus firmeninternen Unterlagen, den Erfahrungen von Führungskräften und Mitarbeitern und externen Sekundärquellen (Statistiken, Veröffentlichungen von Interessenvertretungen, Zeitschriften und Datenbanken) gewonnen werden. Informationen, die technologische Trends und zukünftiges Verhalten von bestehenden und potentiellen Kundengruppen betreffen, sollten durch Experten und zusätzliche Primärerhebungen (Delphi-Studien, Gruppeninterviews) geprüft und ergänzt werden.

Das fiktive Beispiel zu möglichen, zentralen Inhalten eines Leitbildes aus dem Anlagenbau und ein weiteres Beispiel aus dem Non-Profitbereich (siehe Anhang B) sollen dem Leser verdeutlichen, daß mit der Erarbeitung des Leitbildes eine erste grobe Positionsbestimmung erfolgt und zugleich der Grundstein für eine strategische Planung gelegt wird.

Kernstrategie

Aus den formulierten längerfristigen Zielen im Leitbild läßt sich im nächsten Schritt die generelle Stoßrichtung oder Strategie für die gesamte Unternehmung ableiten. Dabei sollen die groben Strategieinhalte die Wege aufzeigen, um die längerfristigen Ziele zu erreichen. Da die Ziele in der Regel in ihrer Wichtigkeit unterschiedlich sind, sollte im Leitbild eine Zielhierarchie festgelegt sein. Das erleichtert die Formulierung der Inhalte der Gesamtstrategie.

Ein Reihe von Ansätzen stehen für die Formulierung der Kernstrategie zur Verfügung. Hinterhuber (vgl. 1989a) unterscheidet Investitions- bzw. Wachstumstrategie, Desinvestitions- bzw. Abschöpfungsstrategie und selektive Strategien. Porter (vgl. 1980) beschreibt Differenzierung, Kostenführerschaft und Konzentration auf Marktnischen und Becker (vgl. 1983) Marktstimulierungsstrategie, Marktparzellierungsstrategie und Marktarealstrategien als mögliche Kernstrategien. Beispielhaft seien hier die Ansätze nach Ansoff dargestellt (vgl. Ansoff, 1965):

- Markdurchdringung Verwendungssteigerung bei denselben Verwendern (derselben Zielgruppe)
- Produktentwicklung Verwendungssteigerung durch neue Leistungen und Produkte bei derselben Zielgruppe
- Marktentwicklung mit bestehenden Leistungen neue Zielgruppen ansprechen
- Diversifikation mit neuen Leistungen neue Märkte (Zielgruppen) ansprechen

Die Darstellung der theoretisch möglichen Wachstumsalternativen kann nur einen Denkrahmen bilden. In der Praxis werden meist Kombinationen dieser alternativen Ansätze zielführend sein. Das folgende Beispiel – die abgeleitete Kernstrategie aus den langfristigen

Zielen des Leitbildes eines Anlagenbauers – soll dies verdeutlichen (vgl. dazu Beispiel eines Leitbildes, S. 21ff.).

Kernstrategie:

Unseren bestehenden Kunden wollen wir durch regelmäßige Investitionen in die Entwicklung von neuen Verfahren und Technologien bei Erweiterungs- und Zusatzinvestitionen kontinuierliche Produktivitätssteigerungen und Qualitätsverbesserungen ermöglichen. Intensive Kundenpflege vor Ort soll unser Bemühen um bestehende Kunden und die Suche nach neuen Kunden unterstreichen und unsere Austauschbeziehungen verstärken.

Durch die Identifikation und Bildung von neuen Abnehmergruppen, deren Erwartungen und Probleme durch unsere Technologien und Ressourcen kurz- und mittelfristig erfüllt und gelöst werden können, wollen wir stetig neue Märkte erschließen. Unser bestehendes internationales Vertriebsnetz muß dazu neu überdacht und gegebenenfalls erweitert werden.

In besonders attraktiven Märkten versuchen wir durch Kooperation mit geeigneten Komplementärfirmen und/oder Konkurrenten mit ergänzenden Leistungsmerkmalen, neue Kundengruppen zu gewinnen. Die gegenwärtige finanzielle Situation erlaubt es uns, in den nächsten fünf Jahren die Investitionen in die Aus- und Weiterbildung auf fachlicher und verhaltensmäßiger Ebene zu erhöhen. Die gesteigerte Qualifikation verbessert die Motivation unserer Mitarbeiter und erhöht die Zufriedenheit unserer Kunden.

Für die Formulierung der Inhalte der Kernstrategie empfehlen die Autoren eine ähnliche Vorgehensweise wie bei der Leitbilderstellung.

Auch hier erweist sich die Bildung von übergreifenden Projektteams als besonders zielführend, wenn auch mit wesentlich weniger Teams, unter Umständen mit nur einem Team das Auslangen gefunden werden kann. Wie aus dem Ablaufschema zur strategischen Planung hervorgeht, bilden Leitbild und Kernstrategie den Überbau und den Rahmen in dem sich einzelne Produkt-Markt-Kombinationen ansiedeln und bewegen sollen. In einer sehr kleinen Unternehmung kann sich unter dem Leitbild und der Kernstrategie nur eine Produkt-Markt-Kombination, d. h. eine Technologie die zur Produktion von einem Produkt oder einer Problemlösung für eine Gruppe von Kunden, herangezogen wird, befinden. In diesem Fall, der auch als Ein-Produkt-Unternehmen bezeichnet wird, bedarf es keiner Bildung von strategischen Geschäftseinheiten.

Ein typisches Beispiel für diese Art der Unternehmung ist ein deutscher Hersteller von mechanischen Olivenbaumsägen, der mit einem speziell zum Schneiden von Olivenbäumen entwickelten Sägetyp in einer zehn-Mitarbeiter Unternehmung nahezu 100 % Marktanteil in dieser Nische hält. Selbst in diesem Fall könnte das Leitbild der Unternehmung einen größeren Tätigkeitsbereich zulassen, sodaß in Zukunft neue Produkt-Märkte, z. B. neue Technologien für neue Sägetypen für unterschiedliche Kunden hinzukommen. An dieser Stelle stünde die Unternehmensleitung vor der Entscheidung, aufgrund zusätzlicher Produktmärkte strategische Geschäftseinheiten zu bilden.

Wesentlich häufiger erweist sich die Notwendigkeit der Bildung und des Managements von strategischen Geschäftseinheiten bei mittleren und großen Firmen, die in der Vergangenheit starkes Wachstum durch Entwicklung oder Aufnahme neuer Technologien und Produkte oder Zukauf von Firmen, erfahren haben (Austrian Industries, Daimler-Benz, ABB, General Electric etc.).

In Kapitel 3 soll der Prozeß der Bildung von strategischen Geschäftseinheiten erläutert werden.

3. Die Bildung strategischer Geschäftseinheiten

Unter einer strategischen Geschäftseinheit (im folgenden auch als SGE bezeichnet) kann eine Unternehmenseinheit verstanden werden, die eine bestimmte Anzahl von Produkt-Märkten bedient und an die der Prozeß der Formulierung und Ausführung segmentspezifischer Strategien von der Unternehmensleitung delegiert wird (vgl. Hinterhuber 1989 b, S. 121).

Die Ressourcenzuteilung erfolgt in Abhängigkeit von ihrer Positionierung im strategischen Ziel-Portfolio der Unternehmung, dessen Rahmen durch die im Leitbild fixierten Inhalte bezüglich Zweck, Ziele und Tätigkeitsbereich vorgegeben ist. Allgemein gilt, daß eine strategische Geschäftseinheit (vgl. Hinterhuber 1989 b, S. 121 f.):

1. „Eine eigenständige Marktaufgabe und identifizierbare, unternehmensexterne Wettbewerber haben sollte

2. möglichst wenige Kombinationen aus Abnehmergruppen, Abnehmerfunktionen und Technologien umfasssen und möglichst wenige Überschneidungen mit anderen strategischen Geschäftseinheiten aufweisen sollte, damit klare Strategien entwickelt werden können,

3. von Führungskräften geführt werden sollte, die
   a) für die Entwicklung und Durchführung ihrer Strategien verantwortlich sind,
   b) die Kontrolle über die für die Ausführung der Strategie erforderlichen Ressourcen in den Funktionsbereichen besitzen
   c) und an Hand von geeigneten und vereinbarten Kriterien beurteilt werden."

Die Ausführung zur Bildung von strategischen Geschäftseinheiten in diesem Kapitel erfolgt in erster Linie marktorientiert. Dabei spielt es keine Rolle, ob die Schaffung von SGE's eine neugegründete oder bereits eine am Markt etablierte, gewachsene Unternehmung betrifft.

Die organisatorische Verankerung und das Management neu geschaffener SGE's wird ausführlich in den Kapiteln 4 und 5 beschrieben.

Die Bildung strategischer Geschäftseinheiten ermöglicht den Führungskräften der Unternehmung, Abnehmergruppen (auch als Kundensegmente bezeichnet) durch die Anwendung ausgewählter Technologien zur Produktion der gewünschten Problemlösungen in effektiver Art und Weise zu bearbeiten. Die Kombination von Technologie, gesuchter Problemlösung und Kundensegment wird als Produkt-Markt bezeichnet. Die zentrale Voraussetzung zur Bildung von Geschäftseinheiten stellt somit die Bestimmung der Produkt-Markt-Kombination (en) dar. Abell/Hammond (vgl. 1979) entwickelten ein dreidimensionales Schema zur Identifikation der attraktivsten Produkt-Markt-Kombinationen (siehe Abbildung 5). Dieses Schema in leicht modifizierbarer Form soll den Leser anhand eines praktischen Beispiels durch

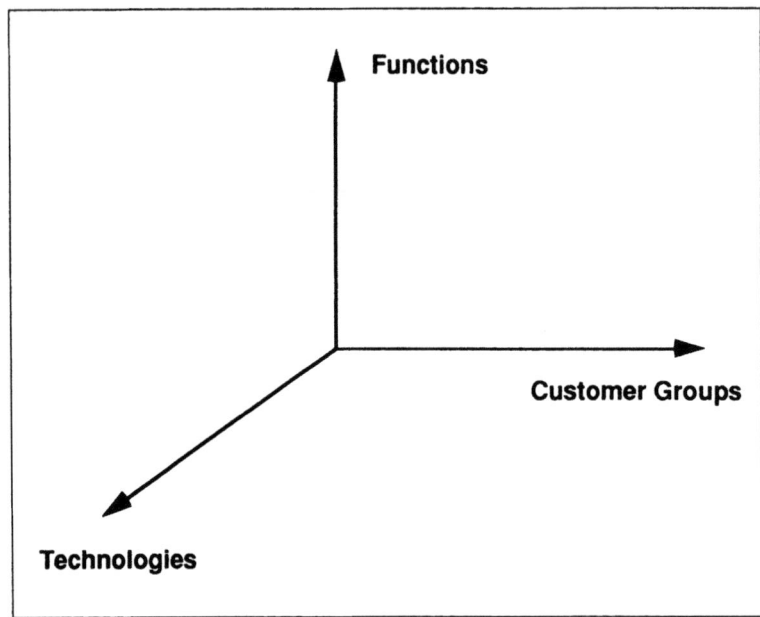

Abb. 5: Abell/Hammond-Schema

die wesentlichen Schritte der Entwicklung attraktiver Produkt-Markt-Kombinationen führen.

Abbildung 6 zeigt das von den Autoren modifizierte dreidimensionale Schema von Abell/Hammond (1979, S. 395). Die Modifikationen beziehen sich auf Änderungen in den Achsenbezeichnungen. Die bei Abell/Hammond (1979, S. 391) als „customer function" bezeichnete senkrechte Achse wird hier als „Nutzenerwartungen/gesuchte Problemlösungen von Kunden" unseres Geschäftes (im Tätigkeitsbereich und im Zweck des Leitbildes festgelegt – siehe Kap. 2.) bezeichnet. Dabei geht es um die Fragen: Welche Nutzenerwartungen haben unsere bestehenden und potentiellen Kunden, und welche Problemlösungen suchen sie? Problemlösungen werden als Kombinationen von Produkten und Dienstleistungen verstanden. Die gesuchten Problemlösungen basieren auf individuellen Nutzenerwartungen.

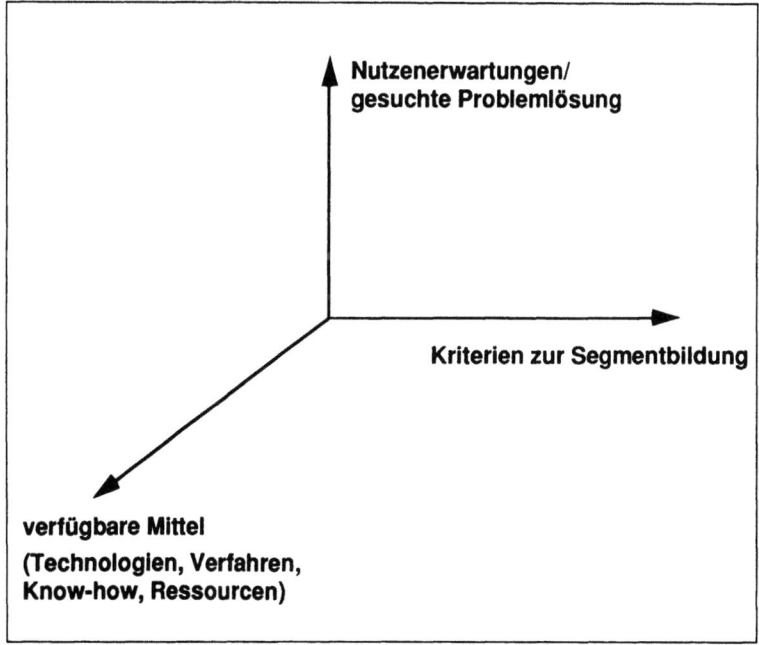

Abb. 6: Modifiziertes 3-D-Schema

Die waagrechte Achse wird von „customer groups" in „Merkmale zur Segmentbildung" umbenannt. Mittels zur Segmentierung geeigneten Merkmalen werden Kundengruppen mit gleichen oder ähnlichen Nutzenerwartungen (gesuchten Problemlösungen) zusammengefaßt

1. Identifikation von Kundenerwartungen und gesuchten Problemlösungen

2. Bestimmung von Merkmalen zur Bildung und Beschreibung von Kundensegmenten

3. Bildung von Segmenten

4. Ziele der Segmentierung - Erste Reduktion

5. Attraktivität der Segmente - Zweite Reduktion

6. Identifikation von Konkurrenten

7. Kriterien zur Wettbewerbs- und Stärken/Schwächen-Analyse

8. Analyse der Wettbewerbssituation pro Segment

9. Segmentportfolio

10. Erfüllungsgrad der Nutzenerwartungen pro Segment

11. Auswahl der Segmente - Dritte Reduktion

12. Bildung von Produkt-Marktkombinationen

13. Überführung der Produkt-Marktkombinationen in strategische Geschäftseinheiten

Abb. 7: Stufen eines idealtypischen Prozesses zur Bildung von SGE's

und näher beschrieben. Die Fragen: „Welche Kundengruppen können gebildet werden? Wie unterscheiden sie sich und anhand welcher Merkmale können diese beschrieben werden?" sollen beantwortet werden.

Die dritte Achse, bei Abell/Hammond als „technologies" beschrieben, wird erweitert auf „Technologien, Know-how, finanzielle und personelle Ressourcen". Diese Dimension setzt sich mit der Frage: „Mit welchen Mitteln können die gesuchten Problemlösungen gestiftet und die Nutzenerwartungen der Kundengruppen erfüllt werden?" auseinander.

Die verfügbaren Mittel können aus verschiedenen Technologien, Verfahren, Know-how und Ressourcen aller Art bestehen. Verfügbare Mittel sind alternative Wege, um die gesuchten Problemlösungen zu produzieren. Verschiedene Technologien und Ressourcen können zur Produktion derselben gesuchten Problemlösung herangezogen werden. Häufig stehen die alternativen Technologien und Ressourcen zueinander im Wettbewerb. In bestimmten Situationen kann ein be-

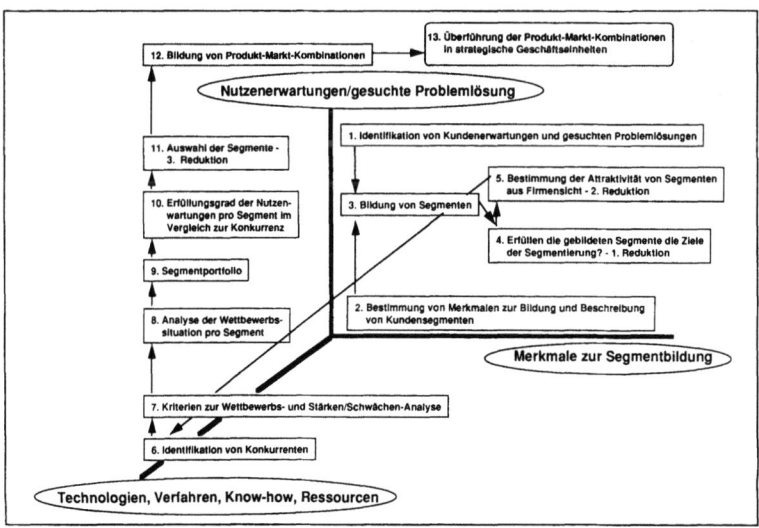

Abb. 8: Ablauf des SGE-Bildungsprozesses

stimmtes Verfahren, eine Technologie oder Ressource zur Erfüllung unterschiedlicher Kundenerwartungen verwendet werden.

Nachdem im Leitbild eine erste grobe Festlegung des durch die Unternehmung zu bedienenden Marktes erfolgt ist und damit bestehende und potentielle Kunden identifiziert sind, kann mit dem Prozeß zur Bildung von strategischen Geschäftseinheiten begonnen werden. Abbildung 7 gibt die dreizehn Stufen eines idealtypischen Prozesses zur Bildung von SGE's wieder (vgl. Dreher/Ritter/Mühlbacher, 1992, S. 313 ff.).

Abbildung 8 zeigt den Ablauf der Schritte des SGE-Bildungsprozesses vor dem Hintergrund des modifizierten und eingangs dieses Kapitels erläuterten „3-D-Schemas" von Abbell/Hammond.

Dabei werden die Schritte 1 bis 5, die sich mit der Bildung und Bewertung von attraktiven Segmenten ohne Einbezug der Mitbewerber befassen, in das von Nutzenerwartungen/Problemlösungen und Merkmale zur Segmentbildung aufgespannten Feld projiziert.

Die Schritte 6–11 umfassen die Auswahl der attraktivsten Zielgruppen unter Berücksichtigung der eigenen Technologien, Verfahren und Ressourcen im Vergleich zu den wichtigsten Konkurrenten.

Die Berücksichtigung der Fähigkeiten der Mitbewerber vor dem Hintergrund des Technologien-/Verfahren-/Ressourcen-Feldes und Nutzenerwartungen-/Problemlösungen-Feldes stellt eine zusätzliche Erweiterung gegenüber dem ursprünglichen 3-D-Schema von Abell/Hammond (vgl. 1979) dar.

Die Schritte 12 und 13 beschreiben die Bildung der für die Unternehmung interssantesten Produkt-/Markt-Kombinationen und deren Überprüfung in SGE's.

Identifikation von Kundenerwartungen und gesuchten Problemlösungen

Herkömmliche Segmentierungskriterien wie Geschlecht, Alter, Familienstand etc. erweisen sich zunehmend als ungeeignet, Unterschiede im Verhalten zwischen Segmenten (Kundengruppen) stichhaltig zu erklären. Als zentrale Kriterien zur Bildung von homogenen Kundengruppen kristallisieren sich immer stärker ähnlich empfundene Ansprüche und Probleme heraus. Diese Entwicklung veranlaßt die Autoren, den Schwerpunkt bei der Bildung von Zielgruppen auf die Benefitsegmentierung zu legen. Der zentrale Gedanke der Benefitsegmentierung ist die Erfassung von Nutzenerwartungen (Benefits) bei den potentiellen Kunden (vgl. Mühlbacher/Botschen, 1990, S. 159 ff.). Kunden mit ähnlichen Nutzenerwartungen werden in der Folge zu Gruppen zusammengefaßt und, falls möglich, anhand weiterer Kriterien, wie z. B. geographische Lage, Auftragsgröße, eingesetzte Technologien näher beschrieben.

Ähnlich wie bei der Leitbilderstellung erweist sich bei der Segmentierung des Marktes als sinnvoll, mit Projektteams und externen Moderatoren zu arbeiten. Ein von einem Berater alleine entwickeltes Konzept stößt häufig auf Akzeptanz- und Identifikationsprobleme bei den betroffenen Mitarbeitern. Zusätzlich bestehen Verständnisschwierigkeiten, da vielfach die zur Erstellung der einzelnen Konzepte notwendigen Methoden und/oder Instrumente zu wenig oder überhaupt nicht bekannt sind. Schließlich können wertvolle und umfangreiche Erfahrungen der Mitarbeiter nur spärlich oder überhaupt nicht berücksichtigt werden. Die Bildung eines Projektteams von Mitarbeitern aus allen funktionalen Bereichen erweist sich am sinnvollsten. In einem Workshop sollte den Beteiligten die Idee der Bildung von Produkt-Markt-Kombination und insbesondere der Benefitsegmentierung näher gebracht werden.

Anhand der Fortführung des fiktiven Beispiels aus dem Industriegüterbereich werden die Schritte im Prozeß zur Bildung von SGE's aufgezeigt. In dieses Beispiel fließen entlang der einzelnen Stufen, die Ergebnisse einer unveröffentlichten Studie von zwei Mitarbeiterinnen des Institutes für Handel, Absatz und Marketing an der Universität Innsbruck ein (vgl. Ritter/Dreher, 1992). Die Ergebnisse wurden jedoch derart verändert, daß sie die tatsächliche Situation nicht widerspiegeln. Einzelne Schritte wurden aus Gründen besserer Verständlichkeit übersprungen und andere hinzugefügt.

Die einzelnen Schritte zur Bildung von strategischen Geschäftseinheiten anhand eines Beispiels aus dem Industriegüterbereich nachzuvollziehen erscheint den Autoren aus zwei Gründen sinnvoll: Erstens hat die Technik der Segmentierung und insbesondere der Benefitsegmentierung im Industriegüterbereich bis heute nur geringen Eingang gefunden (vgl. Wilson, 1986, S. 487 ff.). Zweitens dürfte der Nachweis von erfolgreich gebildeten strategischen Geschäftseinheiten, aufgrund des äußerst komplexen Zusammenspiels von Produkten und Dienstleistungen verschiedenster Art im Industriegüterbereich, in den meisten Fällen auf den Konsumgüter- und Dienstleistungsbereich übertragbar sein.

Der Erfassung von Benefits bei potentiellen Kunden vorgelagert ist die Identifikation der tatsächlichen Entscheidungsträger. Ansonsten besteht die Gefahr, daß zwar interessante Gruppen anhand der Benefits gebildet wurden, in der Marktbearbeitungsphase sich die Kriterien jedoch als ungeeignet erweisen, da die Entscheidungsmacht bei anderen Mitarbeitern liegt. Entsprechend ist die erste zu beantwortende Frage: „Wer sind die Entscheidungsträger an denen wir uns für eine erfolgreiche Kundensegmentierung ausrichten müssen?" (Vgl. dazu auch Woodside, 1992, S. 1 ff.).

Aufgrund der getätigten Erfahrungen und weiteren extern eingeholten Informationen wurde im vorliegenden Fall der Manager einer Anlage als zentraler Entscheidungsträger identifiziert.

Nach der Bestimmung der zentralen Entscheidungsträger folgt die Identifikation von Erwartungen, die bestehende Kunden an die Produkte und Leistungen der Unternehmung haben. Die notwendigen

- Nachweis von Realisierungskompetenz
- Fachkompetenz der Mitarbeiter
- Preistransparenz
- Kommunikationsfähigkeit der Mitarbeiter
- Kenntnis von Konkurrenzprodukten
- Publikationen
- Veranstaltungen
- eigene Verfahren
- Qualitätssicherung
- Kosteneffizienz
- Nachbetreuung
- Generalunternehmer
- System-Know-how
- etc.

Abb. 9: Identifizierte Nutzenerwartungen von Kunden im Anlagenbau

Informationen dazu können z. B. aus Marktanalysen, Kundenbefragungen, Erfahrungen der Mitarbeiter stammen. Im konkreten Beispiel wurden die Informationen durch die Mitglieder des Projektteams zusammengetragen. Diese Informationen beruhen auf Erfahrungen mit bestehenden Kunden im Anlagengeschäft, Sekundärstatistiken (Dokumentation, Zeitschriftenartikel etc.) und persönlichen Interviews mit bestehenden und potentiellen Kunden. Abbildung 9 zeigt eine Auswahl von identifizierten Kundenerwartungen im Anlagenbau.

Die gefundenen Kundenerwartungen können zusätzlich nach Muß-, Soll- und Kann-Kriterien unterschieden werden. Muß-Kriterien oder auch „K.O.-Kriterien" müssen in jedem Fall erfüllt werden. Sie sind Voraussetzung, um als Geschäftspartner überhaupt in Betracht zu kommen. Soll-Kriterien bieten die erste Möglichkeit der Differenzierung oder Abhebung gegenüber der Konkurrenz. Sofern diese von einem Mitbewerber bereits erfüllt worden sind, stellen sie in den Augen vieler Abnehmer eine konkrete Erwartung dar und können im Zeitablauf, zu Muß-Kriterien werden.

Kann-Kriterien sollten idealerweise aus der Sicht des Kunden erfüllt werden. Sie gewährleisten die stärkste Differenzierung gegenüber der Konkurrenz. Die Erfüllung von Kann-Kriterien gestaltet sich meist als äußerst schwierig, da sie sehr oft den erweiterten Teil der gesamten Problemlösung betreffen. Im vorliegenden Fall könnten das spezielle Finanzierungs-Know-how, die Erfüllung von Kompensationsgeschäften, die Errichtung und Aufrechterhaltung von Betreuungs- und Servicefunktionen vor Ort für laufende Anlagen Kann-Kriterien sein.

Bestimmung von Merkmalen zur Bildung und Beschreibung von Kundensegmenten

Nachdem nun „sämtliche" Erwartungen von Kunden verschiedenster Branchen, öffentlicher und privater Organisationen aus unterschiedlichen Ländern zusammengetragen wurden, werden in einem zweiten Schritt Merkmale zur Bildung von Kundensegmenten gelistet. Die Merkmale und dazugehörige Ausprägungen werden von den Mitar-

Merkmale	mögliche Ausprägungen
geographische Lage	Ländergruppen 1 bis 17
Rohstoffe	Holz, Einjahrespflanzen
Auftragsart	Studie, Beratung
	Basic Engineering, Turn-Key etc.
Eigentumsverhältnisse	privat
	öffentliche Hande
	gemischt
...	...

Abb. 10: Merkmale zur Bildung und Beschreibung von Kundensegmenten

beitern der Projektgruppe aufgrund Erfahrungswerten gemeinsam mit dem(n) Moderator(en) ermittelt. Abbildung 10 zeigt beispielhaft einige der möglichen Merkmale und dazugehörige Ausprägungen.

Bildung von Segmenten

Die gesuchten Problemlösungen oder Kundenerwartungen werden nun in einer Matrix mit den ermittelten Merkmalen verknüpft.

Ausprägungen der ermittelten Kriterien, die zu den größten Unterschieden auf den gesuchten Problemlösungen führen, werden zur Ermittlung von Kundensegmenten herangezogen. Im konkreten Beispiel waren das die geographische Lage und die Aufgabenart.

Das hier beschriebene Verfahren ist sehr zeitaufwendig. Trotzdem glauben die Autoren, daß die Ausrichtung der Segmentbildung an den gesuchten Problemlösungen der einzige Weg ist, ein für die Segmente erklärungsfähiges Basis-Kriterium zu finden. Die zur Beschreibung

Nutzenerwartungen von Kunden	Merkmale		
	geographische Lage	Rohstoffe	Auftragsart
Realisierungs-kompetenz	X	-	X
Fachkompetenz der Mitarbeiter	X	-	X
Preistransparenz	X	X	X
eigene Verfahren	X	-	X
Kosteneffizienz	-	-	X
...			

x Merkmal und Ausprägungen führen zu unterschiedlichen Nutzenerwartungen
− Merkmal und Ausprägungen führen *nicht* zu unterschiedlichen Nutzenerwartungen

Abb. 11: Verknüpfung von Kundenerwartungen und -merkmalen

der Segmente herangezogenen Merkmale geben weitere Hinweise zur Erreichbarkeit und Bearbeitungsart der Segmente. Sie sollten bei jedem Segmentierungsversuch neu und möglichst vollständig erhoben werden. Aus Gründen der praktischen Handhabbarkeit werden nach der Verknüpfung mit den gesuchten Kundenerwartungen nur die wichtigsten zwei bis drei Merkmale herangezogen.

Wenn auch in diesem Beispiel klassische Merkmale wie geographische Lage und Aufgabenart, den höchsten Beitrag zur Erklärung der Unterschiede zwischen den Benefitsegmenten aufzeigte, so sollte sich der Leser dennoch vor Augen halten, daß für einen Anbieter von anderen Problemlösungen Kundenerwartungen und -merkmale vollständig differieren können. Dieser Hinweis erscheint den Autoren besonders wichtig, um der Falle zu entgehen „einmal gefundene Ansprüche und Merkmale" zur Beschreibung von Kundengruppen im Zeitablauf und über verschiedene Tätigkeitsbereiche unhinterfragt zu verwenden.

Die Verwendung der Merkmale, die Art des Auftrages und die geographische Lage, führte in diesem Beispiel zu 20 verschiedenen Segmenten. Diese werden in der Folge näher in diesem Beispiel analysiert.

Ziele der Segmentierung – Erste Reduktion

Die Kundensegmente werden auf die Erfüllung der zentralen Ziele der Marktsegmentierung geprüft. An eine Marktsegmentierung werden folgende Anforderungen gestellt: Homogenität innerhalb des Segmentes, Erklärungsfähigkeit, Wirtschaftlichkeit, Erreichbarkeit und Stabilität (vgl. Kotler, 1991, S. 278).

Homogenität ist im konkreten Beispiel gegeben, da in jedem Segment nur potentielle und/oder bestehende Kunden zusammengefaßt sind, deren Nutzenerwartungen identisch oder sehr ähnlich sind. Erklärungsfähigkeit bedeutet, daß die zur Segmentierung herangezogenen Kriterien auch tatsächlich das Verhalten dieser Gruppen bestimmen und vorhersagen können. Diesem Anspruch wird Rechnung getragen, indem Nutzenerwartungen als dominierende Segmentierungskriterien und nicht beschreibende Merkmale verwendet werden. Durch die Auswahl von ausreichend großen Segmenten ist das Kriterium der Wirtschaftlichkeit erfüllt. Die Erreichbarkeit stellt kein Problem dar, da es sich bei den potentiellen Abnehmern in diesem Beispiel um bereits identifizierte Kunden handelt und weltweit Vertretungen aufgebaut sind, oder falls notwendig, aufgebaut werden können. Das Kriterium der Stabilität wurde berücksichtigt, indem die voraussichtliche Entwicklung in den nächsten fünf bis zehn Jahren für die in Frage kommenden Segmente analysiert und diskutiert wurde. Anhand der Häufigkeit der Auftragsart pro Ländergruppe wurde die Größe der Segmente bestimmt.

Auftragsart	Ländergruppe				
	1	2	3	...	7
Studie/Beratung	2	2	3		2
Basic-Egineering	3	-	1		1
...				...	
Turn-Key	1	3	1		1

1 = kommt sehr häufig vor	2 = kommt häufig vor
3 = kommt selten vor	0 = kommt nicht vor

Abb. 12: Bestimmung der Größe der Segmente

Segmente, deren Größe zu gering für eine wirtschaftliche Bearbeitung erscheint wurden an dieser Stelle ausgeschieden. Aufgrund dieser Analayse verblieben siebzehn Segmente zur näheren Betrachtung. Diese Segmente wurden anhand der gewünschten Ausprägung von Nutzenerwartungen und identifizierten markmalen näher beschrieben. In den Abbildungen 13 und 14 sind zwei der siebzehn Segmente ausführliche beschrieben.

Merkmale/	STUDIE/BERATUNG				
Nutzenerwartungen	Länder 1	Länder 2	Länder 3	Länder 4	Länder 7
Holz	3	3	3	1	≠
Einjahrespflanzen	1	0	2	3	≠
.....					
eigene Verfahren	0	0	0	0	0
System-Know-how	3	3	3	3	3
.....					

Abb. 13: Beschreibung des Segmentes „Studie/Beratung"

Merkmale/	BASIC ENGINEERING		
Nutzenerwartungen	Länder 1	Länder 4	Länder
Holz	3	1	2
Einjahrespflanzen	1	3	2
.....			
eigene Verfahren	2	2	2
System-Know-how	3	3	3
.....			

Abb. 14: Beschreibung des Segmentes „Basic Engineering"

Legende zu Abb. 13 u. 14

1 = schwach ausgeprägt
2 = Mittel ausgeprägt
3 = stark ausgeprägt
0 = nicht vorhanden

Ländergruppe 1 = Westeuropa, Nordamerika, Südafrika, Australien, Neuseeland
Ländergruppe 2 = (ehemalige) RGW-Staaten
Ländergruppe 3 = Fernost, Taiwan, Korea
Ländergruppe 4 = Indien
Ländergruppe 5 = China
Ländergruppe 6 = Lateinamerika
Ländergruppe 7 = Schwellen- und Entwicklungsländer

Attraktivität der Segmente – Zweite Reduktion

Die Bestimmung der Attraktivität dieser Segmente bildet die nächste Analysephase. Dazu werden Kriterien herangezogen, die aus der spezifischen Firmensituation gesehen, Segmente besonders attraktiv erscheinen lassen. Im vorliegenden Fall wurden unter anderem

- Finanzierbarkeit
- Akzeptanz und Honorierung junger High-Tech-Produkte
- Vorprojektaufwand
- Stabilität der politischen Verhältnisse
- zukünftiges Marktvolumen im Segment bis zum Jahr 2000

herangezogen.

Für jedes dieser Kriterien legte das Projektteam gemeinsam mit den zwei externen Moderatoren Ausprägungen auf einer Skala von eins bis fünf fest, um dann später die Attraktivität der einzelnen Segmente mittels einem Punktwertschema zu bestimmen (1 = hoch attraktiv bis 5 = äußerst unattraktiv). Jeder Teilnehmer bewertete jedes Segment auf allen Attraktivitätskriterien. Widersprüchliche Einzelbewertungen wurden im Projektteam diskutiert und gegebenenfalls neu festgelegt. Abbildung 15 zeigt fünf Segmente und deren Bewertungen.

Durch die Punktbewertung konnten die siebzehn Segmente in eine Rangfolge gebracht werden. Um die Bewertungen zu überprüfen, wurden einzelne Kriterien zusätzlich mit einem Gewichtungsfaktor versehen. Die vorgenommene Gewichtung führte zu keinen Änderungen in der Attraktivitätseinstufung und Rangfolge. Aus den siebzehn Segmenten wurden neun aufgrund zu geringer Attraktivität ausgeschieden.

In die Bewertung der Attraktivität von Segmenten fließen in jüngster Zeit auch die Ansprüche und Erwartungen von anderen Systempart-

Kriterien Ausprägungen: 1 = sehr unattraktiv bis 5 = sehr attraktiv	Segmente ①	②	③	....	⑰
A Stabilität der politischen Verhältnisse	4	2	2		3
B zukünftiges Marktvolumen	3	4	3		5
C Finanzierbarkeit	2	1	3		3
D Vorprojektaufwand	3	4	5		4
E Akzeptanz jüngerer High-Tech-Produkte	3	4	3		4
F Wettbewerbsintensität	3	2	3		3
Summe	18	17	19		22
Punkte auf 100	82	77	86		100
Rang	3	4	2		1

Abb. 15: Bewertung von Segmenten

nern oder Anspruchsgruppen wie z. B. Lieferanten, Medien, Politikern oder der lokalen Bevölkerung ein, die eine erfolgreiche Bearbeitung dieser beeinträchtigen können. Die Konzentration auf potentielle und bestehende Abnehmer und die wichtigsten Konkurrenten in den identifizierten Segmenten steht immer noch im Vordergrund. Den übrigen Systempartnern muß aber in Zukunft erhöhte Aufmerksamkeit geschenkt werden, da sie die Attraktivität gebildeter Marktsegmente erheblich beeinflussen können (vgl. Doyle, 1992, S. 101 ff.).

Identifikation von Konkurrenten

Im nächsten Schritt werden die Konkurrenten identifiziert. Um die Identifikation bzw. Auflistung der Wettbewerber zu erleichtern, kann man sich eines in der nachfolgenden Abbildung dargestellten Rasters bedienen.

Dabei soll vor allem die Perspektive in die Richtung erweitert werden, daß nicht nur bestehende Wettbewerber aus der eigenen Branche, sondern auch ein Brainstorming nach künftigen Konkurrenten aus fremden Branchen erfolgt. Den gerade aus dieser Ecke ergeben sich in der Regel die größten Substitutionsgefahren. Im vorliegenden Fall konnten die Konkurrenten anhand der in der Vergangenheit abgewickelten Projekte bestimmt werden. Für jeden Konkurrenten wurde ein Profil entwickelt. Dieses Profil enthielt drei Hauptpunkte: Image, Strategien und Kerndaten. Abbildung 16 zeigt einen Raster für einen fiktiven Konkurrenten. Diese Beschreibung wurde für 18 Konkurrenten vorgenommen.

Image:
Z.B.: Neutraler, kompetenter Berater,
teuer, aber gut,
weltweit sehr gute Kontakte und Referenzen.

Strategien:
Z.B.: Schwerpunkt in Beratung und Erstellung
von Studien
Zukünftige Ausrichtung in Umweltfragen und
Komplettierung der Serviceleistungen

Kerndaten zu:
Umsatz
Marktanteil
Mitarbeiter
Umsatz pro Mitarbeiter
Mitarbeiterqualifikation
F & E
Qualitätssicherungssystem
Publikationen

Abb. 16: Raster zur Konkurrenzanalyse

Kriterien zur Wettbewerbs- und Stärken-Schwächen-Analyse

Um die Wettbewerbsposition im Vergleich zu den Konkurrenten zu bestimmen, werden Kriterien festgelegt, anhand derer die Stärken und Schwächen der eigenen und fremder Unternehmen bewertet werden können. Abbildung 17 gibt einen Überblick zu ausgewählten Kriterien.

- **Ausmaß an eigenen Technologien/ Verfahren/Produkten**

- **Ausmaß an internationaler Fachpräsenz**

- **Mitarbeiterqualität**

- **Eigene F & E in marktrelevanten Bereichen**

- **Darstellung des eigenen Fachwissens**

- **Qualitätssicherung**

- **Kosteneffizienz**

- etc.

Abb. 17: Mögliche Kriterien zur Bestimmung der Wettbewerbsposition

Mögliche Ausprägungen zu den identifizierten Kriterien im vorliegenden Beispiel finden sich im Anhang (siehe Anhang C: Konkurrenzanalyse).

Die gefundenen Kriterien bilden die Grundlage zur Bewertung der eigenen Firma im Vergleich zur Konkurrenz.

Analyse der Wettbewerbssituation pro Segment

Für die attraktivsten Segmente wird im Anschluß die Position der eigenen Unternehmung im Vergleich zu den identifizierten Konkurrenten analysiert. Die Kriterien zur Bestimmung der Wettbewerbsposition werden pro Segment gewichtet, und der jeweilige Erfüllungsgrad durch die eigene Unternehmung und durch die Konkurrenten wird auf einer Skala von 1 (= sehr schwach) bis 5 (= sehr stark) bewertet. Abbildung 18a und 18b veranschaulichen dieses Bewertungsschema für zwei Segmente aus dem vorliegenden Beispiel.

Kriterien	Gewichtung		Firma		K1		K2		K3		K4		K5	
A	0	0 %	2	0	1	0	1	0	1	0	1	0	1	0
B	2	21 %	4	8	2	4	3	6	4	8	2	4	1	2
C	3	32 %	3	9	3	9	4	12	2	6	4	12	1	3
D	0	0 %	3	0	4	0	4	0	0	0	1	0	1	0
E	2,5	26 %	2	5	2	5	2	5	2	5	1	2,5	1	2,5
F	1	10,5 %	3	3	3	3	2	2	1	1	2	2	2	2
G	1	10,5 %	3	3	5	5	4	3	3	3	3	3	3	3
Summe	9,5	100 %	20	28	20	26	20	29	13	23	14	23,5	10	12,5
Rangreihe				2		3		1		5		4		6
Position				96		90		100		79		81		43

Legende zu Abb. 18 a und 18 b:
Position = Wettbewerbsstärke in % im Verhältnis zum stärksten Konkurrenten
A = Ausmaß an eigenen Technologien/Verfahren/Produkten
B = Ausmaß an internationaler Fachpräsenz
C = Mitarbeiterqualität
D = Eigene F & E in marktrelevanten Bereichen
E = Darstellung des eigenen Fachwissens
F = Qualitätssicherung
G = Kosteneffizienz

Abb. 18 a: Bestimmung der Wettbewerbsposition im Segment 3 „Studie/Beratung in Ländern 3"

Kriterien	Gewichtung	Firma		K4		K9		K10		K11	
A	1,5	10 %	4	6	2	3	2	3	4	6	5	7,5
B	2	13 %	3	6	3	6	4	8	3	6	3	6
C	3	20 %	3	9	4	12	3	9	2	6	5	15
D	1	7 %	3	3	2	2	4	4	3	3	3	3
E	2,5	17 %	4	10	2	5	2	5	2	5	3	7,5
F	2	13 %	4	8	2	4	2	4	4	8	2	4
G	3	20 %	3	9	2	6	1	3	1	3	4	12
Summe	15	100 %	24	51	17	38	18	36	19	37	25	55
Rangreihe				2		3		5		4		1
Position				93		69		65		67		100

Abb. 18 b: Bestimmung der Wettbewerbsposition im Segment 17
„Turn-Key in Ländern 3"

Segmentportfolio

Die Analyse der Wettbewerbsposition pro Segment wird in einem Segmentportfolio zusammengefaßt. Anhand der ermittelten Punktwerte zur Marktattraktivität und relativen Wettbewerbsfähigkeit kann die Position der verbleibenden attraktivsten Segmente bestimmt werden. Die Größe der Kreise gibt zusätzlich Auskunft über das ungefähre Marktvolumen der Segmente. Abbildung 19 zeigt die acht verbleibenden Segmente aus dem vorliegenden Beispiel.

Für die Erstellung des Segmentportfolios wurden die Werte aus den Abbildungen 18a und 18b herangezogen und um offene Werte ergänzt. Nachfolgend sind die Werte für die Marktattraktivität, die relative Wettbewerbsposition und das ungefähre Marktvolumen aufgelistet. Die Werte bilden die Koordinaten der acht attraktivsten Segmente.

Für die Erstellung des Segmentportfolios wurden die Werte aus den Abbildungen 18a und 18b herangezogen und um offene Werte ergänzt. Nachfolgend sind die Werte für die Marktattraktivität, die relative Wettbewerbsposition und das ungefähre Marktvolumen aufgelistet. Die Werte bilden die Koordinaten der acht attraktivsten Segmente.

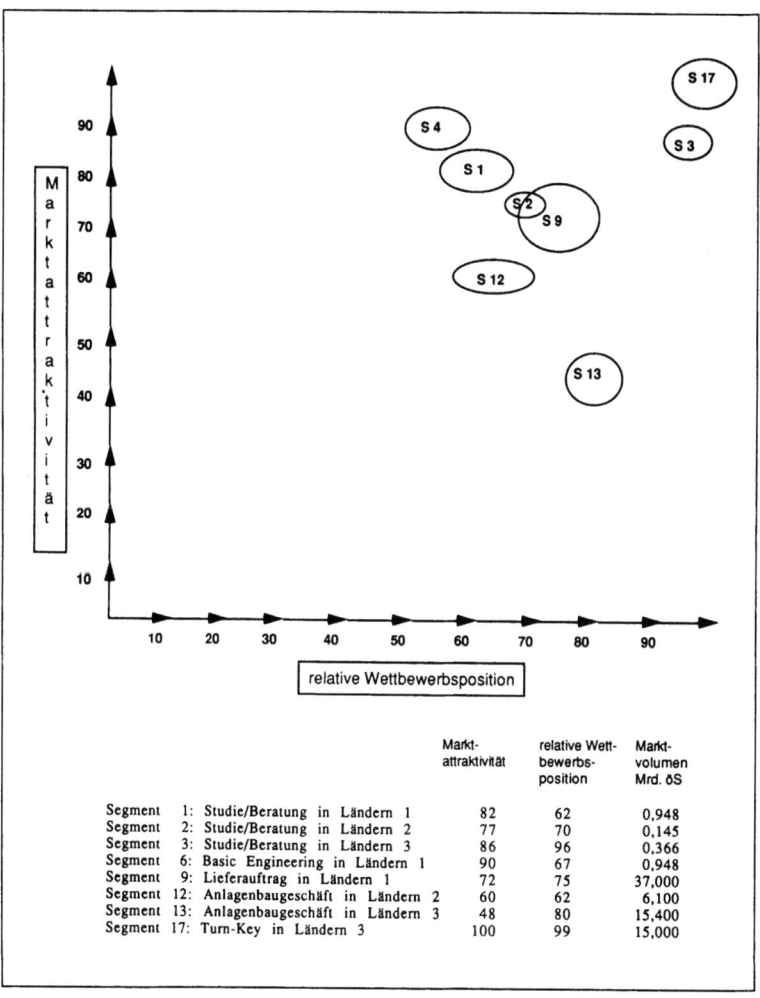

Abb. 19: Segmentportfolio

Erfüllungsgrad der Nutzenerwartungen pro Segment im Vergleich zur Konkurrenz

Der letzte Analyseschritt vor der Auswahl der zu bedienenden Segmente ist die Überprüfung des Erfüllungsgrades von Nutzenerwartungen und gesuchten Problemlösungen im Vergleich zur Konkurrenz. Diese Analyse wurde für jedes der acht Segmente vorgenommen. Abbildung 20a und 20b zeigen in tabellarischer Form den Erfüllungsgrad von Nutzenerwartungen im Vergleich zur Konkurrenz bei den Segmenten „3:Studie/Beratung in Ländern 3" und „17:Turn-Key in Ländern 3".

Nutzenerwartung	Stärke der NE	E	K1	K2	K3	K4	K5	K6
System-Know-how	3	2	2	2	2	3	2	2
Projektmanagement-Know-how	3	2	1	3	1	2	2	2
aktive Kommunikation von Leistungen etc.	3	4	1	1	3	4	2	2
....								

Abb. 20a: Erfüllungsgrad von Nutzenerwartungen im Segment 3

Die Gegenüberstellung der Nutzenerwartungen der drei hier beschriebenen Segmente verdeutlicht, daß sich Umfang und Ausprägung erheblich unterscheiden. Während Segment „3" zwölf Nutzenerwartungen aufweist, wurden im Segment „17" 26 Nutzenerwartungen identifiziert. Muß-, Soll- und Kannkriterien (in den zwei Abbildungen durch 3 = Mußkriterium, 2 = Sollkriterium, 1 = Kannkriterium auf die Stärke der Nutzenerwartungen beschrieben) differieren zusätzlich zwischen den beiden Segmenten.

Nutzenerwartung	Stärke der NE	E	K4	K7	K8	K9	K10	K12
System-Know-how	3	2	3	2	2	2	2	3
eigene Verfahren	2	4	5	1	1	3	1	5
eigene Schlüsselkomponenten	2	4	5	1	1	2	1	3
....								

Legende zu Abb. 20 a und 20 b:

E = eigene Firma,
K1...K12 = diverse Konkurrenten,
NE = Nutzenerwartung

Stärke der Nutzenerwartung:
3 = sehr stark ausgeprägt (Muß-Kriterium)
2 = mittelmaessig ausgeprägt (Soll-Kriterium)
1 = schwach ausgeprägt (Kann-Kriterium)

Erfüllungsgrad der Nutzenerwartung:
5 = ungenügend
4 = genügend
3 = befriedigend
2 = gut
1 = sehr gut

Abb. 20 b: Erfüllungsgrad von Nutzenerwartungen im Segment 17

Auswahl der Segmente – Dritte Reduktion

Sollte sich bei diesen beiden Konkurrenzanalysen herausstellen, daß entweder erhebliche Schwächen und/oder Probleme bei der Erfüllung von den gesuchten Nutzenerwartungen im Vergleich zu den Mitbewerbern bestehen, kann dies zu einer weiteren Reduktion von Segmenten führen. In diesem Beispiel sind die Wettbewerbsnachteile relativ gering und der Grad der Erfüllung der Nutzenerwartungen in den acht Segmenten ausreichend hoch. Alle acht Segmente wurden in diesem Fall zur gegenwärtigen und zukünftigen Marktbearbeitung ausgewählt.

Bei der Analyse des Erfüllungspotentials von Nutzenerwartungen sollte unbedingt zwischen kurz-, mittel- und längerfristig vorhandenen Technologien, Know-hows und Ressourcen unterschieden werden.

Die Beantwortung der folgenden Fragen hilft, das Erfüllungspotential von Nutzenerwartungen zu zerlegen:

- Welche Segmente können aufgrund der gegenwärtigen Stärken im Vergleich zur Konkurrenz erfolgreich bedient werden?

- Welche Nutzenerwartungen können durch den Abbau von Schwächen und die Konzentration auf Stärken in ein bis drei Jahren im Vergleich zur Konkurrenz besser erfüllt werden?

- Welche Technologien, Ressourcen und Fähigkeiten müssen längerfristig entwickelt und aufgebaut werden, um die Erwartungen der gewählten Segmente erfolgreich zu bearbeiten?

Diese Betrachtungsweise ermöglicht es, attraktive Segmente aufgrund von derzeit identifizierten Schwächen von einer zukünftigen Bearbeitung nicht auszuschließen.

Bildung von Produkt-Markt-Kombinationen

Unter der Produkt-Markt-Kombination soll hier die Verknüpfung der verbleibenden ausgewählten attraktiven Segmente mit den zur Erfüllung der gesuchten Problemlösungen und Nutzenerwartungen notwendigen Technologien, Know-how und Ressourcen verstanden werden. Dabei stellen Technologien, Know-how und Ressourcen die Fähigkeiten der Unternehmung – genauer der Mitarbeiter – dar, die von den gewählten Segmenten gesuchten Problemlösungen bestmöglich im Vergleich zur Konkurrenz zu erfüllen.

In der Literatur hat es sich eingebürgert, von einer Produkt-Marktkombination zu sprechen. Genauer müßte von Technologie-Segment-Kombination gesprochen werden. Zur Bildung der acht Produkt-Markt- bzw. Technologie-Segment-Kombinationen im vorliegenden Beispiel werden pro Segment die gesuchten Problemlösungen und Nutzenerwartungen nach Muß-, Soll- und Kann-Kriterien gelistet und mit den zur Erfüllung notwendigen Technologien kom-

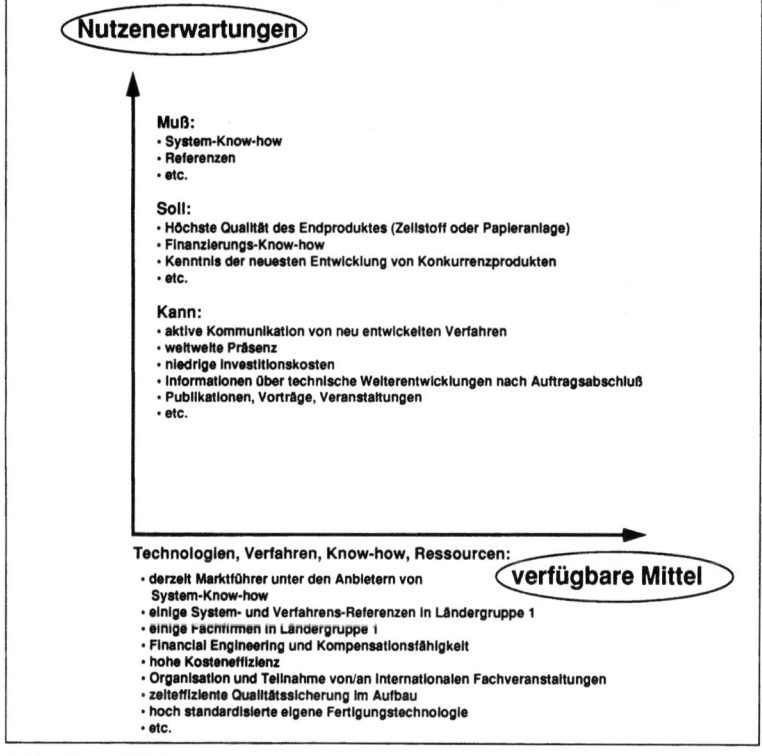

Abb. 21a: Bildung von Produkt-Markt-Kombinationen für die Segmente 1 „Studie und Beratung in Ländern 1"

biniert. Die Abbildungen 21a bis 21d zeigen diese Vorgehensweise zur Bildung von vier unterschiedlichen Produkt-Markt-Kombinationen im vorliegenden Beispiel.

Die Abbildungen 21a bis 21c zeigen die Nutzenerwartungen der Segmente mit der Auftragsart „Studie und Beratung" in drei verschiedenen Ländergruppen. Die Segmente unterscheiden sich hinsichtlich dem

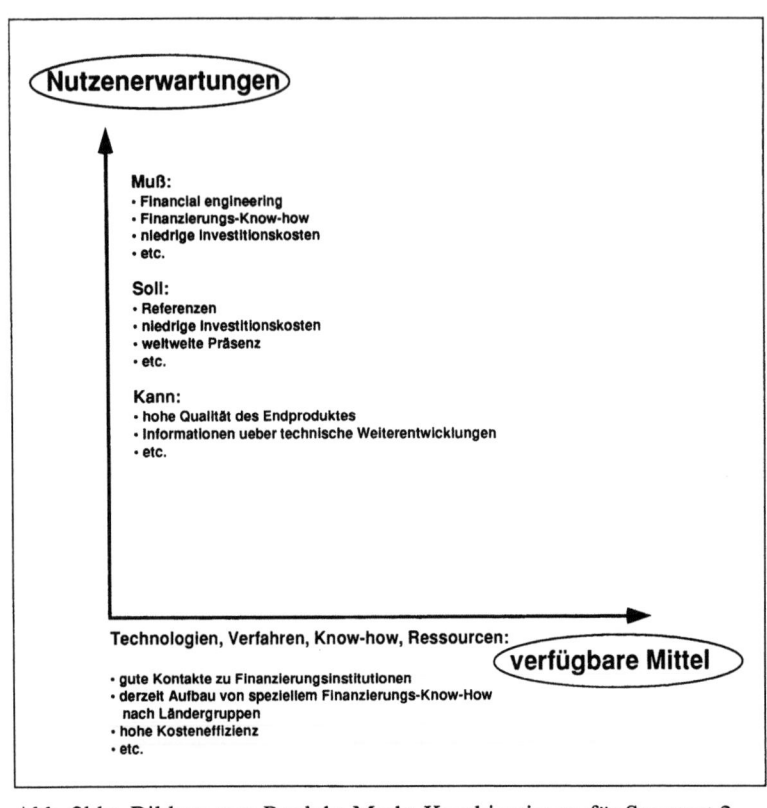

Abb. 21 b: Bildung von Produkt-Markt-Kombinationen für Segment 2 „Studie und Beratung in Ländern 2"

Umfang und der Ausprägung einzelner Kriterien. Die verfügbaren Mittel in Form von Technologie, Verfahren, Know-how und Ressourcen erlauben der Firma im vorliegenden Beispiel, die drei Segmente kurzfristig zu bedienen. Wie aus den drei Produkt-Marktkombinationen zu erkennen ist, differieren die zur Erfüllung der Nutzenerwartungen notwendigen verfügbaren Mittel nur geringfügig.

Abbildung 21d zeigt die Produkt-Marktkombination für die Aufgabenart „Turn-Key" in der Ländergruppe drei. Die Nutzenerwartungen dieser Kundengruppe sind wesentlich umfangreicher und im Vergleich zu

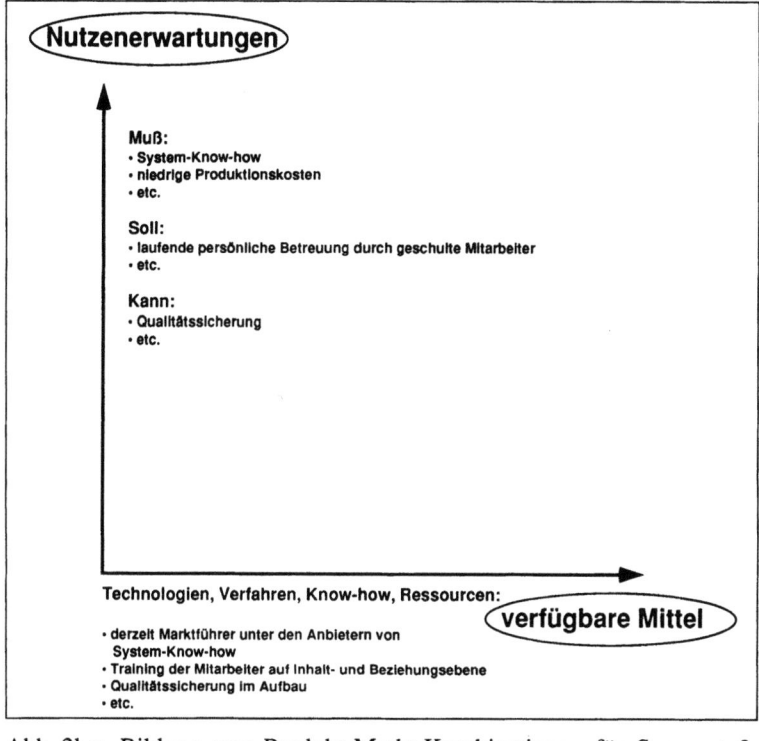

Abb. 21 c: Bildung von Produkt-Markt-Kombinationen für Segment 3 „Studie und Beratung in Ländern 3"

den übrigen Segmenten gänzlich unterschiedlich ausgeprägt. In Abhängigkeit von den Nutzenerwartungen der Segmente kommen unterschiedliche Technologie-Kombinationen zum Einsatz (Know-how, Ressourcen). Im vorliegenden Beispiel wurden insgesamt acht Produkt-Markt-Kombinationen entwickelt. Diese bilden die Basis für die Überführung in strategische Geschäftseinheiten.

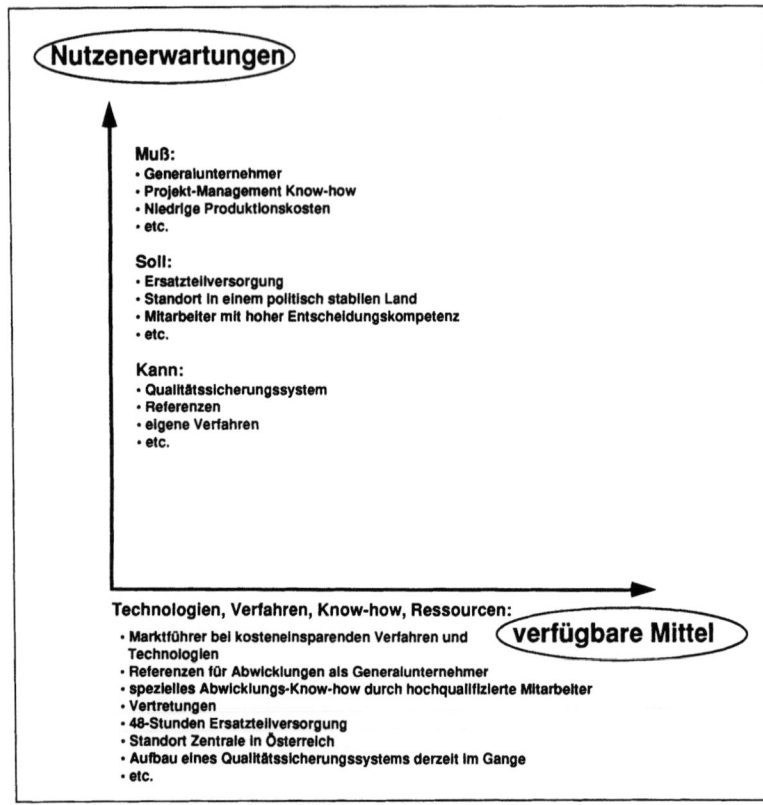

Abb. 21 d: Bildung einer Produkt-Markt-Kombination für Segment 17 „Turn-Key in Ländern 3"

Überführung der Produkt-Markt-Kombinationen in strategische Geschäftseinheiten

Erinnern wir uns an dieser Stelle an die zentralen Charakteristiken von strategischen Geschäftseinheiten (vgl. Hinterhuber, 1989 b, S 121). Eine strategische Geschäftseinheit sollte:

- eine eigenständige Aufgabe am Markt und identifizierbare, unternehmensexterne Wettbewerber haben,
- zur Entwicklung klarer Strategien möglichst wenige Produkt-, Markt- oder Technologie-Segment-Kombinationen bearbeiten und möglichst wenige Überschneidungen mit anderen strategischen Geschäftseinheiten aufweisen,
- von Führungskräften geführt werden, die für die Entwicklung und Durchführung ihrer Strategien verantwortlich sind,
- die Kontrolle über die zur Ausführung der Strategie erforderlichen Ressourcen in den Funktionsbereichen besitzen und
- an Hand geeigneter Kriterien beurteilt werden.

Für die gebildeten Produkt-Markt-Kombinationen gilt es nun zu überprüfen, ob jede Kombination in eine eigene strategische Geschäftseinheit übergeführt werden muß oder mehrere Produkt-Marktkombinationen in einer strategischen Geschäftseinheit zusammengefaßt werden.

Bei der Einrichtung von strategischen Geschäftseinheiten muß neben der Anzahl und Größe dieser, die in unmittelbarem Zusammenhang mit den gebildeten Produkt-Märkten stehen, auch der Grad der Überlappung in Vertrieb, Produktion, Beschaffung und Forschung und Entwicklung berücksichtigt werden (vgl. Hinterhuber, 1989 b, S. 122). Verschiedene Funktionsbereiche können als Ressourcenträger für mehrere strategische Geschäftseinheiten dienen.

Aufgrund der Größe der Unternehmung des vorliegenden Beispiels, der Anzahl und Qualifikation der Mitarbeiter, des Know-hows, der technologischen und finanziellen Ressourcen wurden die acht Produkt-Markt-Kombinationen in drei strategische Geschäftseinheiten zusammengefaßt.

Neben den ressourcenbedingten Restriktionen war vor allem die Möglichkeit, die gleichen Technologien zur Befriedigung unterschiedlicher Nutzenerwartungen einsetzen zu können, für die Zusammenlegung von mehreren Produkt-Markt-Kombinationen ausschlaggebend. Abbildung 22 zeigt die letztendlich gebildeten strategischen Geschäftseinheiten.

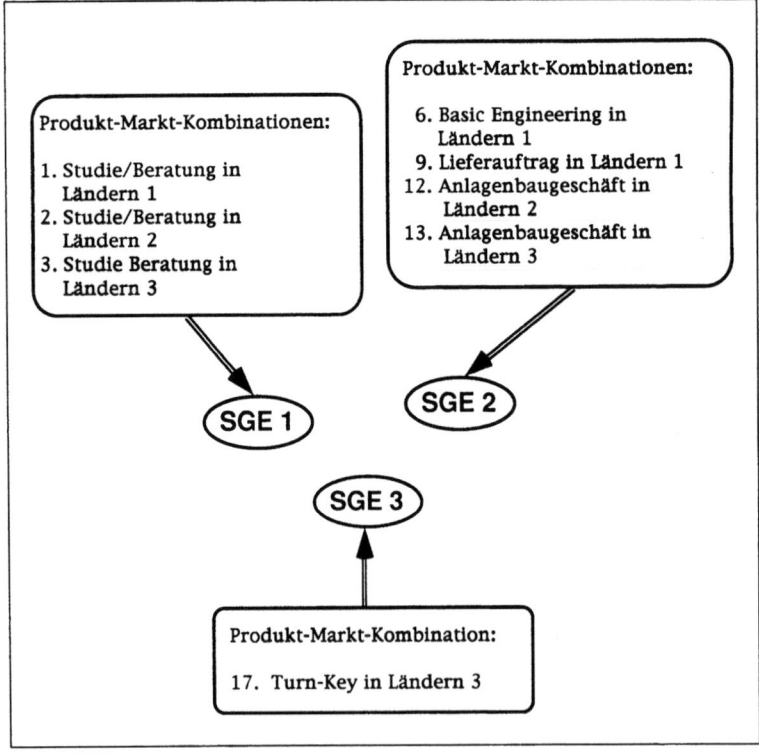

Abb. 22: Gebildete strategische Geschäftseinheiten

Abbildung 22 verdeutlicht die Zusammenlegung von den drei Produkt-Markt-Kombinationen in die strategische Geschäftseinheit 1. Da die notwendigen Technologien, Verfahren, Know-how und Ressourcen zur Nutzenstiftung für alle drei Segmente herangezogen werden können, scheint diese Überführung sinnvoll. Segment 17 (Turn-Key in Ländern drei) zeigt ein vollkommen differentes Nutzenprofil und daher auch andere notwendige „verfügbare Mittel". Diese Situation und insbesondere die Größe und Stabilität des Segmentes, d. h. das zukünftige Erfolgspotential, läßt die Einrichtung einer eigenen Geschäftseinheit als geeignet erscheinen.

Die verbleibenden, hier nicht ausführlich beschriebenen Segmente (9 – Lieferauftrag in Länder 1; 6 – Basic-Engineering in Länder 1; 12 und 13 – Anlagenbaugeschäft in Ländern 2 und 3) wurden vorläufig in einer weiteren Geschäftseinheit zusammengefaßt. Einige der Nutzenerwartungen in diesen Segmenten können derzeit noch nicht erfüllt werden, sollen aber mittel- und langfristig aufgebaut werden.

Der aufgezeigte Prozeß zur Bildung von strategischen Geschäftseinheiten erfordert einen Zeitrahmen von ca. sechs Monaten. Aufgabe des/der Moderators(en) ist es, den Mitgliedern bei der Sammlung und Analyse der für die einzelnen Stufen notwendigen Informationen in regelmäßigen Zeitabständen zur Verfügung zu stehen. Des weiteren werden die ermittelten Ergebnisse auf jeder Phase ausführlich diskutiert und kritisch hinterfragt, um „Betriebsblindheit" zu vermeiden. Jeder Schritt muß für die Mitglieder des Projektteams klar verständlich und in seiner logischen Verknüpfung erkennbar sein.

Das zwar zeit-, kosten- und energieaufwendige Projekt zur Bildung von strategischen Geschäftseinheiten eröffnet der Unternehmung noch eine Reihe von zusätzlichen Vorteilen:

- Die detaillierte Kenntnis von Nutzenerwartungen von bestehenden und potentiellen Kunden, die wertvolle Hinweise und Anregungen für die Entwicklung neuer Technologien und Ressourcen geben können.

- Die Konkurrenzanalyse ermöglicht die Konzentration auf den Ausbau bestehender Stärken und die Reduktion von erkannten Schwächen. Differenzierungspotentiale gegenüber der Konkurrenz werden transparent und erlauben den Aufbau von weniger austauschbaren Positionen in den ausgewählten attraktiven Segmenten.

- Vorhandene betriebsinterne und externe Informationen werden systematisch gesammelt und analysiert. Die Qualifikation der Mitarbeiter im Bereich der Anwendung strategischer Planungsprozesse wird verbessert.

- Die Kommunikation über betriebliche, funktionale Abteilungen wird verstärkt. Die Probleme und Sichtweisen der Projektmitglieder werden sichtbar und können gemeinsam gelöst und diskutiert werden.

Erarbeitung segmentspezifischer strategischer Pläne (SGE-Strategien)

Die Segmentierung und Bildung von Produkt-Marktkombinationen sowie deren Überführung in strategischen Geschäftseinheiten können als einer der wesentlichen und anspruchsvollsten Schritte im Rahmen des strategischen Planungsprozesses angesehen werden.

Neben dem frühzeitigen Einbezug der Betroffenen erscheint uns auch das Kennenlernen des systematischen Erarbeitungsprozesses einer der wesentlichen Vorteile zu sein. Die grundlegende Systematik im Erarbeitungsprozeß von strategischen Plänen beruht idealtypisch auf den nachfolgend dargestellten Vorgehensschritten.

Wie schon an anderer Stelle erwähnt, geht es in den ersten Schritten darum, Chancen/Gefahren (Umfeldanalyse) bzw. vorhandene Stärken/Schwächen (Unternehmungsanalyse) zu ermitteln. Für die Beurteilung bestehender Erfolgspotentiale und die Festlegung der Ist-

Position bedarf es der Bestimmung der derzeitigen Marktposition und der relativen Wettbewerbsstellung. Darauf aufbauend werden mögliche Optionsfelder definiert und Grundstrategien abgeleitet. Die Strategien werden anhand entsprechender Maßnahmenpläne konkretisiert.

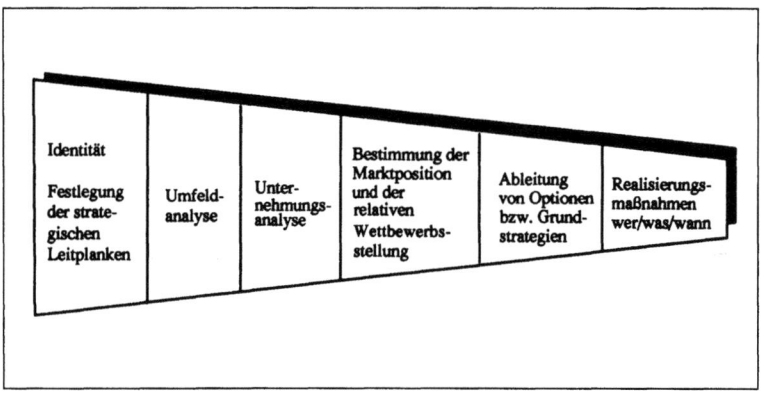

Abb. 23: Idealtypischer Ablauf bei der Erarbeitung strategischer Pläne

Der detaillierte Erarbeitungsprozeß findet idealtypisch innerhalb eines 4-Phasen-Modells statt. Je nach Detaillierungsgrad und dem bisherigen Stand vorliegender Ausarbeitungen müssen diese nachfolgend aufgezeigten Phasen betrachtet werden. Wie gesagt, daß dargestellte Modell widerspiegelt eine idealtypische Vorgehensweise, das erst durch die praktische Anwendung einen entsprechenden Realisierungsgrad erfährt.

Bevor man in den eigentlichen Strategieerarbeitungs-Prozeß einsteigt, bedarf es einer Definition und Artikulation der unternehmenseigenen Identitätsmerkmale durch die obersten Führungskräfte. Damit soll von vorneherein einer entsprechenden Fehlentwicklung des Planungsprozesses vorgebeugt werden. Mit eingeschlossen in einen solchen Schritt ist die Fragestellung, was die Unternehmung heute ist bzw. heute nicht ist. Darauf bauen auch die Fragen nach der künftig gewollten Stellung der Unternehmung bzw. die Erarbeitung eines ent-

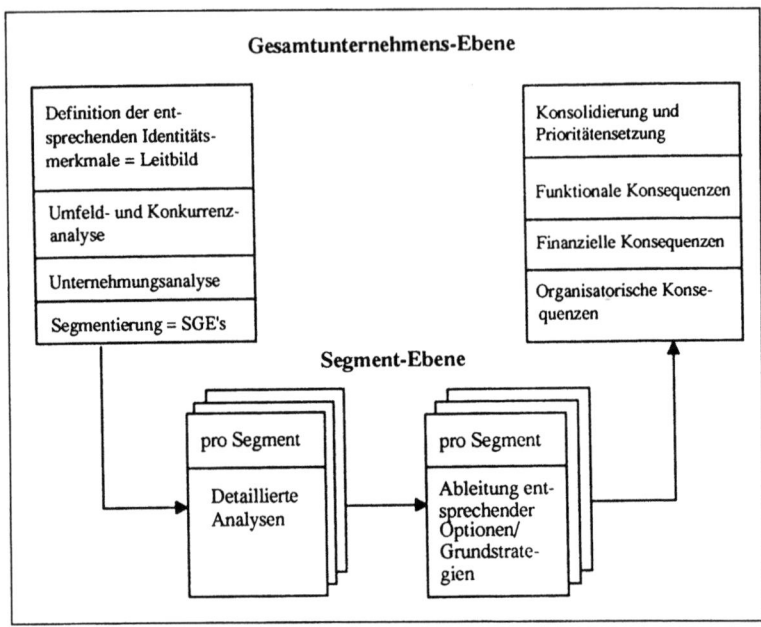

Abb. 24: 4-Phasen-Modell für die Strategieerarbeitung

sprechenden Wertvorstellungsprofils durch die obersten Führungskräfte auf.

Wesentlicher Bestandteil der Umfeld- und Konkurrenzanalyse ist die Erarbeitung der Hauptherausforderungen für die Unternehmung aus der Fülle der Beziehungen, der die Unternehmung unterliegt. Ziel dieses Prozeßschrittes ist es, die für die Organisation relevantesten Chancen und Gefahren zu definieren und auch entsprechende Auswirkungen bzw. mögliche Antwortmaßnahmen abzuleiten. Bei der Festlegung und Umschreibung der Konkurrenten steht sowohl die Erarbeitung heutiger als auch künftiger Wettbewerber im Vordergrund. Neben brancheninternen sollte aber auch der Blick auf branchenfremde Konkurrenten gelegt werden. Dabei von besonderem Interesse sind Wettbewerber, die im Feld künftig/branchenfremd zu finden sind, da dies wahrscheinlich Substitutionswettbewerber sein

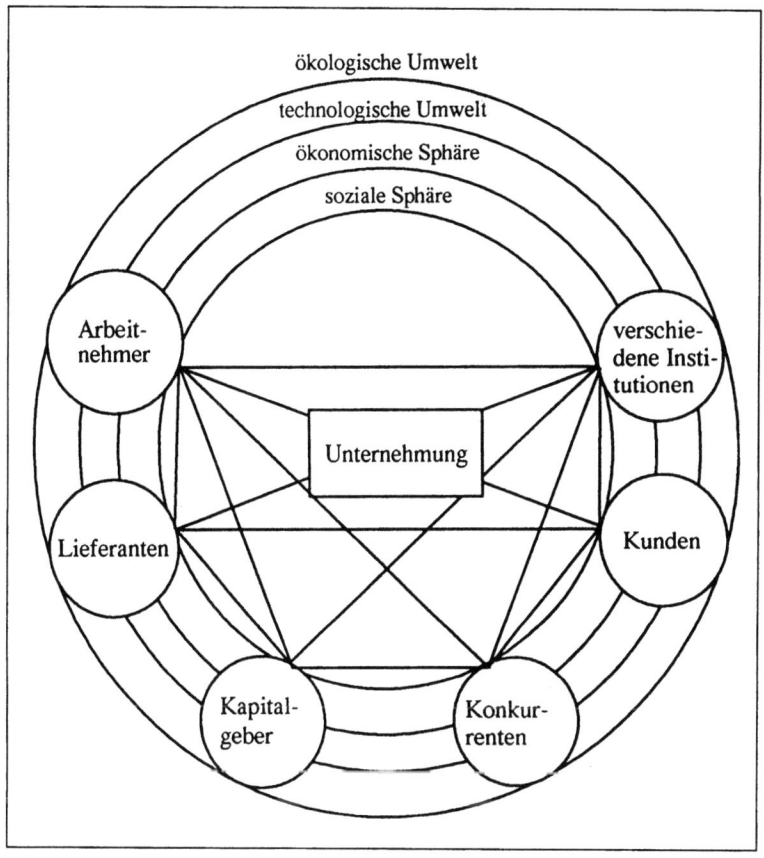

Abb. 25: Das Unternehmensumfeld (in: Ulrich 1990)

könnten. Die Umschreibung der entsprechenden Stärken und Schwächen bzw. Antwortmaßnahmen schließen diesen Schritt ab (vgl. Anhang D: Formulare zur Umfeld-, Konkurrenz- und Unternehmensanalyse).

Die Unternehmensanalyse hat die Festlegung der wesentlichen Herausforderungen aus den unternehmensinternen Bereichen zum Ziel.

Zuvor stehen die Definition und Umschreibung der unternehmungsinternen Stärken und Schwächen im Vordergrund.

Der abschließende und zugleich auch der bedeutendste Schritt innerhalb des Planungsprozesses ergibt sich durch die Frage der Segmentierung des Geschäfts. Das heißt nicht die Frage „Was tun wir?", sondern die Frage „In welchem Geschäft sind wir eigentlich?" ist dabei in

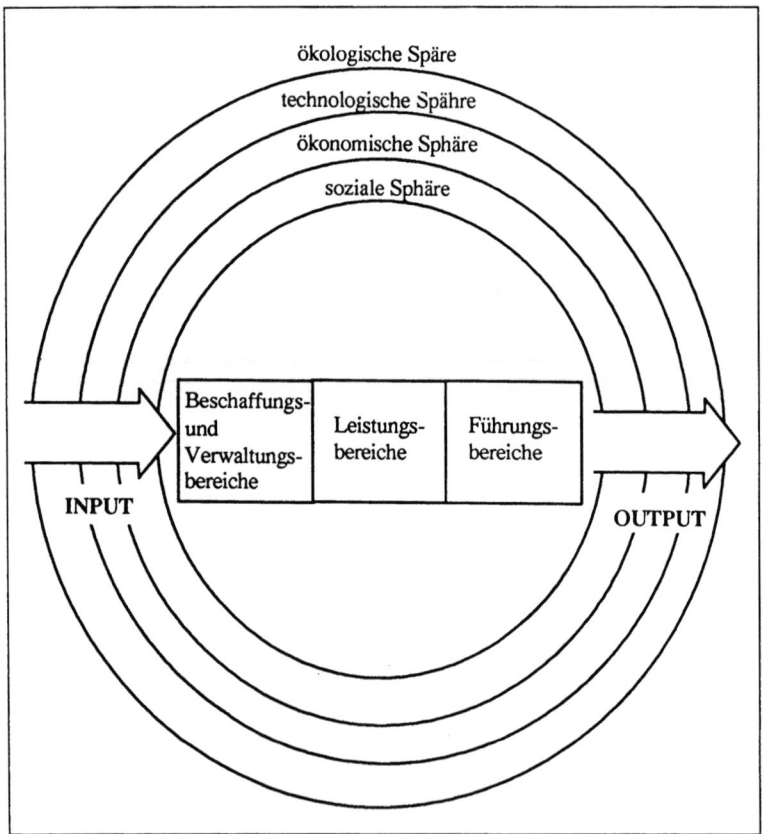

Abb. 26: Die Unternehmensbereiche

den Mittelpunkt zu stellen. In dieser Phase geht es letztendlich auch um die Prüfung möglicher Segmente im Rahmen der Bildung strategischer Geschäftseinheiten. Auf die detaillierte Beschreibung der Vorgehensweise wurde schon näher eingegangen. Sind mögliche Segmente festgelegt – ohne sich schon von vornherein auf die definitiven Geschäftseinheiten festzulegen – versucht man in einem nächsten Schritt, detaillierte Analysen pro Segment durchzuführen. Dazu bringt man einzelne – in der Regel nicht mehr als zwei bis drei – strategische Analyseinstrumente zur Anwendung. Ohne den Anspruch auf Vollständigkeit können dies folgende Analyseinstrumente sein:

- Lebenszykluskurve
- Erfahrungskurve (vgl. Henderson, 1974)
- Sättigungs-/Substitutionszeitkurven (vgl. Marchetti, 1982)
- Portfolio-Analyse (vgl. Neubauer, 1989)
- PIMS-Analyse (vgl. Buzzel, Gale, 1989)
- Preis-/Qualitäts-Analyse (Luchs, Neubauer, 1987)
- ABC-Analyse

Je nach vorhandenem Datenmaterial bzw. Eruierbarkeit segmentspezifischer Daten entscheidet man sich für die Anwendung des einen oder anderen Instruments, damit Aussagen zur Ist-Position der einzelnen Segmente getroffen werden können. Diese Positionierungen geben uns auch erste Hinweise für die in der nächsten Phase zu erarbeitenden Optionen. Ziel muß es sein, für jedes der einzelnen Segmente eine mögliche Weichenstellung im Sinne einer zu treffenden Option zu finden. Dafür in Frage kommen wiederum eine ganze Reihe von Vorgehensrastern. Um hier nur einige aufzuzählen, verweisen wir auf die Optionsansätze nach:

- Ansoff   Marktdurchdringung, Marktentwicklung, Produktentwicklung, Diversifikation (vgl. Ansoff, 1977)
- Hinterhuber Investitions- bzw. Wachstumsstrategie, Desinvestitions- bzw. Abschöpfungsstra-

	tegie, Selektive Strategien (vgl. Hinterhuber, 1980)
● Porter	Differenzierung, Kostenführerschaft, Konzentration auf Marktnische (vgl. Porter, 1980)
● Becker	Marktstimulierungsstrategie, Marktparzellierungsstrategie, Marktarealstrategien (vgl. Becker, 1983)
● Drucker	Schnellstens und stärkstens; in die Lücke stoßen; Aufsuchen ökologischer Nischen; Veränderung der Wert- und Nutzenmerkmale einer Marktleistung (vgl. Drucker, 1985)

Selbstverständlich gibt es dabei nicht nur die Möglichkeit einer Festlegung, sondern in der Praxis finden wir oft Verknüpfungen einzelner Optionsansätze.

Allerdings geht es bei diesem anspruchsvollen Schritt nicht nur um die Auswahl einer möglichen Stoßrichtung. Denn sonst haben wir letztendlich nicht mehr als einige „Worthülsen" festgelegt. Vielmehr muß schon an dieser Stelle eine gewisse Umschreibung der ausgewählten Optionen erfolgen, damit alle auch dasselbe unter den verschiedenen Optionsbegriffen verstehen (vgl. Anhang E: Formulare Geschäftseinheit-Optionen).

Die festgelegten Optionsansätze bilden wiederum das Fundament für die nun zu formulierenden Grundstrategien je Segment. Dieser höchst anspruchsvolle Schritt verlangt neben einer detaillierten qualitativen Spezifikation auch eine entsprechende Untermauerung mit quantitativen Daten.

Wesentlich erscheint in diesem Zusammenhang auch nochmals die kritische Hinterfragung der Vernetzung der wesentlichen Steuerungsgrößen der Unternehmung bzw. der Geschäftseinheiten. Auch dabei wiederum zeigt uns Gälweiler eine allgemeine Grundsystematik der für die strategische Planung relevanten Problemfelder und ihre Verknüpfungen (Gälweiler, 1987).

Um es an der Stelle nochmals zu verdeutlichen, damit eine Unternehmung möglichst „treffsichere" Strategien erhält, müssen diese soweit wie möglich segment- bzw. SGE-spezifisch definiert und festgehalten werden (vgl. Anhang F: Formulare Geschäftseinheit-Grundstrategien).

Die Konklusion einer jeden Strategie muß in der Formulierung entsprechender Realisierungsmaßnahmen stattfinden. Dabei geht es in erster Linie darum, konkrete Umsetzungmaßnahmen – was, wer, bis wann – festzuhalten, damit die entsprechende Strategie auch operationalisiert werden kann. Des weiteren sollte an der Stelle auch der Versuch unternommen werden, eine gewisse Ressourcenbedarfsschätzung für die erforderliche Umsetzung vorzunehmen. Dabei steht die Schätzung zusätzlicher Ressourcen, aufgeteilt nach zusätzlichen

– Personalressourcen/-kosten
– Investitionskosten
– übrigen Kosten

im Mittelpunkt der Erhebungen.

Abschließend wird im Rahmen einer Planerfolgsrechnung versucht, die erwarteten zusätzlichen Erträge den festgehaltenen zusätzlichen Ressourcen gegenüberzustellen.

Damit aufgrund der Mehrzahl der formulierten Segment-Strategien keine Verzettelung der Kräfte und damit der Ressourcen eintritt, ist die abschließende vierte Phase vonnöten. In einem ersten Schritt muß eine gewisse Konsolidierung der unterschiedlichen Segment-Strategien auf Gesamtunternehmensbasis von den betroffenen Führungskräften gemeinsam herbeigeführt werden. Ziel muß es dabei sein, eine gewisse Prioritätenfolge der einzuschlagenden Strategien zu erreichen.

Als gedanklicher Raster kann dabei folgende Abbildung verwendet werden:

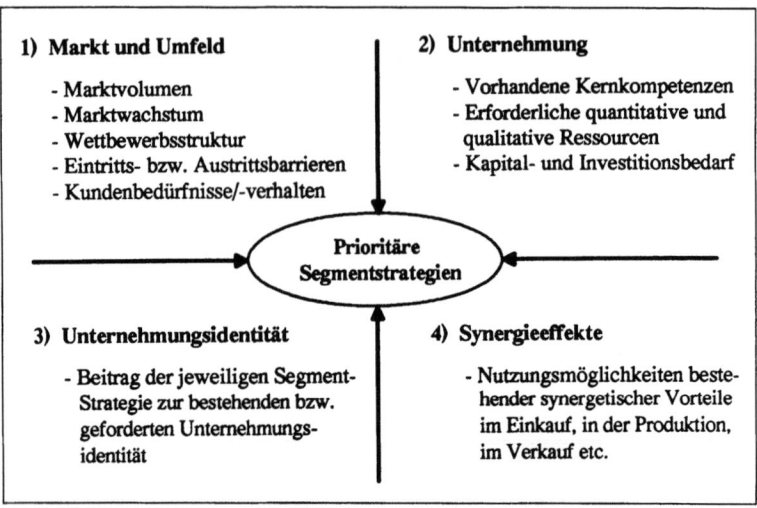

Abb. 27: „Raster" für die Festlegung prioritärer Segmentstrategien

Indem sie die entsprechenden in den einzelnen Quadranten festgehaltenen Fragestellungen hinterfragen, sollten sich die Führungskräfte auf eindeutige Prioritäten festlegen, haben sie doch neben der erfolgreichen Umsetzung der Strategien auch noch ihr tägliches Geschäft unter Kontrolle zu halten. Wir erachten diesen Schritt auch deshalb als unbedingt erforderlich, damit man sich in Folge auch auf gewisse Start-Maßnahmen einigen muß.

Den letztendlich wird der Erfolg einer Strategie nur an den erzielten Resultaten und nicht am Umfang von Berichten gemessen. Hat man sich einmal auf gewisse Prioritäten geeinigt, so müssen auch noch die entsprechenden funktionalen Konsequenzen – die eine Realisierung der Strategien in der Regel zwangsläufig mit sich bringen – berücksichtigt werden.

Daraus ergibt sich nochmals die Frage nach finanziellen Konsequenzen. Wie schon weiter vorne angeführt, liegt ja der eigentliche Erfolg des strategischen Managements nicht allein in der Erarbeitung und Formulierung von Grundstrategien, sondern vielmehr in der erfolgreichen Umsetzung derselben. Deshalb ist auch im Anschluß an den Strategiefindungsprozeß die Frage nach den erforderlichen organisatorischen Konsequenzen zu stellen.

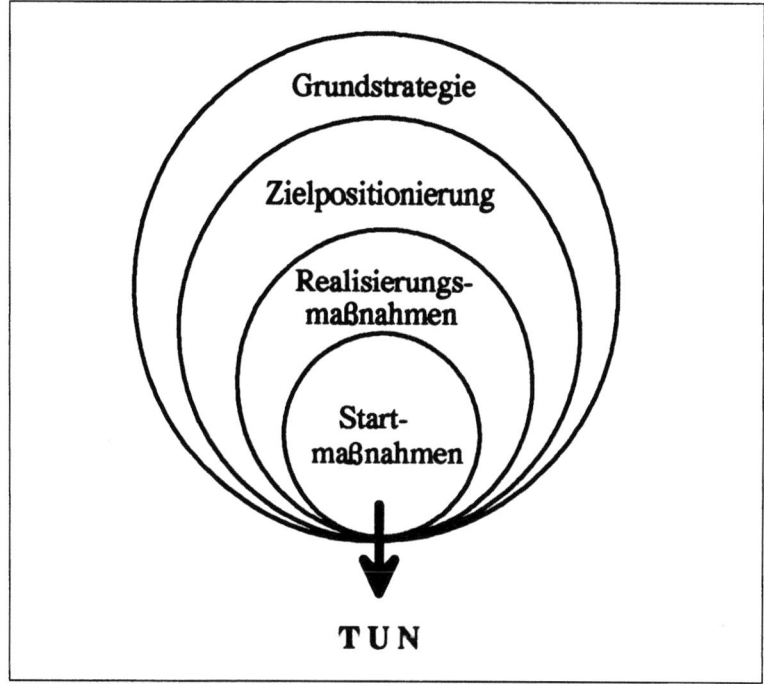

Abb. 28: Start-Maßnahmen

Das Verhältnis zwischen Strategie und Struktur wurde schon früh durch die Hypothese „structure follows strategy" von Alfred Chandler postuliert. Allerdings die Praxis zeigt uns in vielen Fällen auch den Umkehrschluß dieser Wechselbeziehung, beeinflussen doch auch bestehende Organisationsstrukturen die Festlegung entsprechender Strategien.

Abschließend kann unterstellt werden, daß zwischen den beiden Elementen Strategie und Struktur eine inhärente Wechselbeziehung dahingehend besteht, daß

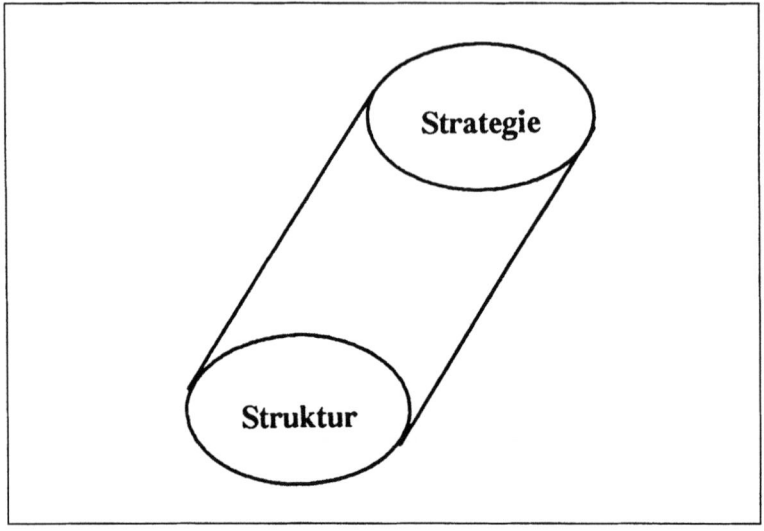

Abb. 29: Strategie und Struktur

1. die Organisationsstruktur Voraussetzung dafür ist, daß überhaupt sinnvolle Strategien formuliert werden und
2. die Struktur einer Unternehmung gleichzeitig ein erforderliches Mittel zur Durchsetzung von Strategien darstellt.

Die durch die Bildung von strategischen Geschäftseinheiten ausgelöste strategische Neuorientierung impliziert vielfach auch eine Veränderung in der Aufbau- und Ablauforganisation der Unternehmung.

Auf welche Art und Weise neu geschaffene strategische Geschäftseinheiten in einer Unternehmung verankert werden können und welche Auswirkungen die entwickelten und integrierten Geschäftseinheiten auf das Management dieser haben, wird in den beiden folgenden Kapiteln behandelt.

4. Organisatorische Verankerung strategischer Geschäftseinheiten

„Structure follows strategy" lautet die Faustregel der organisatorischen Ausrichtung für Organisationen (vgl. Chandler, 1962). Gerade nachdem man strategische Geschäftseinheiten definiert hat, muß man sich die Frage stellen, ob diese strategischen Geschäftseinheiten als reine Planungseinheiten belassen werden oder auch in einer organisatorischen Verankerung Niederschlag finden. Strategie und Struktur sind einander bedingende Faktoren, die ganzheitlich betrachtet werden müssen. Immer mehr zeigt sich, daß die Strukturen der Schlüssel zur erfolgreichen Strategieumsetzung sind. Ein Faktum, das bisher noch viel zu wenig berücksichtigt worden ist. Wenn die Anzeichen nicht trügen, so wird die herausragende Frage für die 90er Jahre lauten: Wie müssen Unternehmungen organisiert sein, um trotz der Komplexität des Geschäftes, von Wirtschaft und Gesellschaft, handlungsfähig zu bleiben und ihre Potentiale wirklich zu nutzen? Selbst die besten Strategien sowohl auf Unternehmens- als auch Segmentebene bleiben wirkungslos, wenn die Strukturen nicht stimmen.

Wie sich die Geschäftseinheiten und Strategien an den Marktbedingungen und den Stärken und Schwächen der Unternehmungen orientieren müssen, so hat sich das Organisationskonzept an den Marktbereichen und den dort zu verfolgenden Strategien zu orientieren. Anforderungen wie Anpassungsfähigkeit, Flexibilität, Lernfähigkeit, Selbstregulierung und -organisation müssen künftig noch stärker in das Zentrum des Interesses rücken. Läßt man die strategischen Geschäftseinheiten jedoch nur im Planungsstadium – und somit als reine Planungseinheiten – so führt dies in der Regel rasch zu Umsetzungsproblemen. Die formulierten Strategien werden schneller und konsequenter realisiert, wenn die strategischen Geschäftseinheiten organisatorisch verankert und auch personalpolitisch klar zugeordnet werden.

Strategie und Struktur –
zwei sich wesentlich bedingende Elemente

Geht man heute von einem ganzheitlichen Managementansatz aus, so genügt es bei weitem nicht mehr, sich eben nur mit der Strategieformulierung zu beschäftigen. Das heißt, neben der Erarbeitung von Strategien ist auch eine kritische Hinterfragung der Strukturen bzw. der Kultur in einer Organisation erforderlich. Denn die eigentliche Kunst des strategischen Management liegt nicht in der Erarbeitung bzw. Formulierung von Strategien, sondern in der Umsetzung derselben.

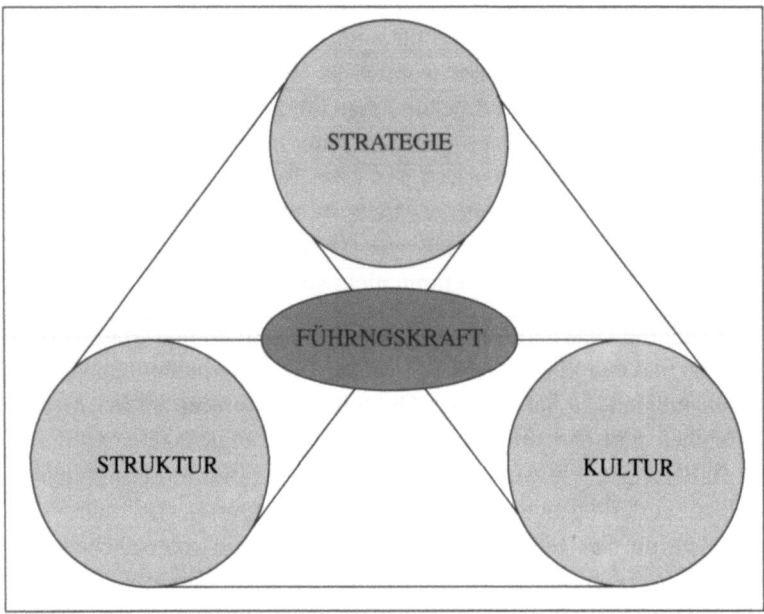

Abb 30: Ganzheitlicher Managementansatz

Was den Zusammenhang zwischen Strategie und Struktur betrifft, so wird die gesamte Problemkomplexität in der Praxis gerne auf die Hypothese von Chandler reduziert, die besagt, daß die Strukturen den Strategien folgen. Allerdings erleben wir in der Praxis sehr oft die entgegengesetzte Beeinflussung, daß also auch die bestehende Organisationsstruktur die Festlegung von Strategien und auch den Prozeß der Strategieerarbeitung erleichtert oder erschwert (vgl. Drexel, 1987).

Zusammenfassend kann nochmals festgehalten werden, daß zwischen beiden Modulen – Strategie und Struktur – eine wechselseitige Beziehung herrscht

- Die Organisationsstruktur ist gleichzeitig Instrument zur Durchsetzung von Strategien wie auch

- Voraussetzung dafür, daß überhaupt sinnvolle Strategien hervorgebracht werden können.

Unterschiedliche Ansätze für eine organisatorische Verankerung der strategischen Geschäftseinheiten

Bei immer mehr Unternehmungen unterscheiden sich die neuen strategischen Geschäftseinheiten von den traditionellen in der Struktur verankerten Linienbereichen. Dies macht eine Neugestaltung der Marktorganisation in vielen Fällen notwendig. Dabei geht es vorwiegend um das Zusammenwirken verschiedenster Dimensionen. Im wesentlichen ist jede Neugestaltung von Strukturen innerhalb folgenden Spannungsfeldes zu verstehen:

Die Forderung, die strategischen Geschäftseinheiten in der Organisationsstruktur zu verankern, ergibt sich aber nicht aus irgendwelchen Modeerscheinungen oder Modewellen, sondern sie ist vielmehr das Resultat folgender Überlegungen:

- Eine erforderliche Komplexitätsreduktion läßt sich meistens nur durch kleinere Einheiten bewerkstelligen.

- Wirklich schlagkräftige und wirkungsvolle Strategien lassen sich eigentlich nur auf der Ebene kleiner flexibler Einheiten formulieren.

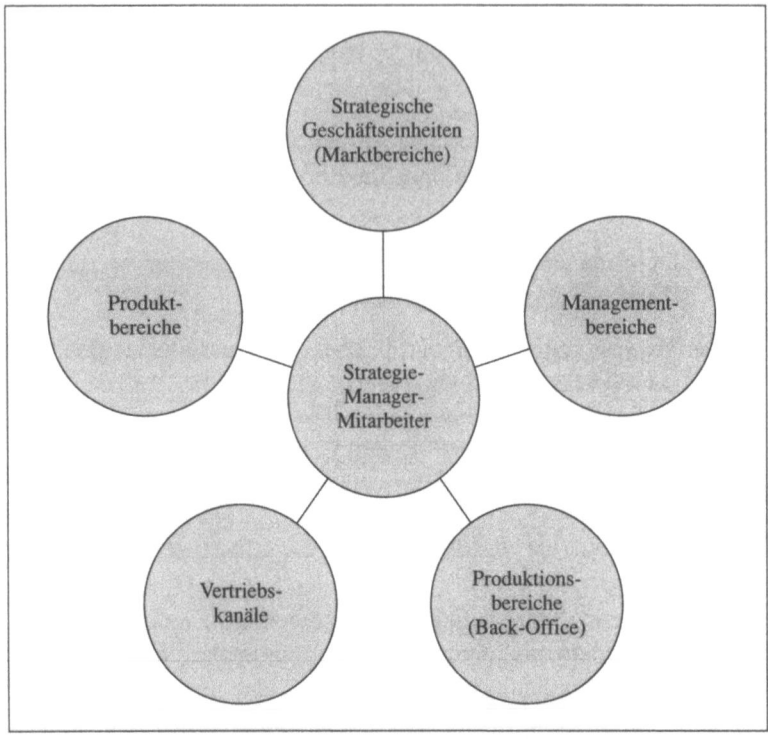

Abb 31: Die Elemente des organisatorischen Spannungsfeldes

- Der Ruf nach Segmentierung in kleine, autonome Einheiten mit möglichst dezentraler Aufgabenerledigung vor Ort verstärkt sich.

Die Umsetzung SGE-bezogener Strategien erfolgt schließlich durch Führungskräfte und Mitarbeiter, die in Organisationen arbeiten.

Solange die strategischen Geschäftseinheiten nur Planungseinheiten oder „imaginäre" Einheiten sind, bleiben SGE-bezogene strategische Pläne in der Regel nur gut gemeinte Absichtserklärungen. Eine Erhöhung der Verbindlichkeit durch entsprechende Handlungen ergibt sich erst, wenn die strategischen Geschäftseinheiten, in welcher Form auch immer, organisatorisch sichtbar werden und damit tatsächlich in Organisationen verankert sind.

Möglichkeiten der organisatorischen Verankerung von strategischen Geschäftseinheiten

Die Form der organisatorischen Verankerung hängt im wesentlichen auch damit zusammen, welches „Mission-Statement" für das Unternehmen im vorgängigen Planungsprozeß formuliert wurde. Das heißt die Art und Form der Reorganisation ist ganz entscheidend davon abhängig, welche künftige Stoßrichtung das Unternehmen einschlagen möchte und welche organisatorischen Voraussetzungen dafür primär erfüllt sein müssen. Deshalb befassen wir uns nochmals mit dem strategischen Planungsprozeß bzw. den organisatorischen Konsequenzen.

Abb 32: Die Planungshierarchie

Wurde beispielsweise vorher im „Mission-Statement" bzw. im Leitbild festgelegt, daß das Unternehmen hinkünftig eine stärkere Markt- und Kundenorientierung einschlagen möchte, dies auch durch kundenorientierte strategische Geschäftseinheiten besonders zum Ausdruck kommt, muß dies zwangsläufig auch in die organisatorischen Konsequenzen miteinbezogen werden. War das Unternehmen bisher traditionell nach Sparten (z.B. Produktgruppen, Funktionen) organisiert, so hat eine künftige stärkere Ausrichtung auf Kundengruppen einen entsprechenden Niederschlag in der Organisation zu finden. Es gibt für die organisatorische Verankerung von strategischen Geschäftseinheiten nicht eine gültige Möglichkeit. Vielmehr gibt es auch hierbei eine Reihe von Varianten bzw. ein ganzes Spektrum organisatorischer Möglichkeiten zur Verankerung von strategischen Geschäftseinheiten in die Unternehmensstruktur.

Die nachfolgende Abbildung gibt einen Überblick über einige Varianten der organisatorischen Verankerung von strategischen Geschäftseinheiten. Es kann sich selbstverständlich hierbei nur um einige idealtypische Varianten handeln, in der Praxis finden wir eine ganze Reihe von Zwischenformen bzw. Hybridformen, die genauso zu einer entsprechenden Verankerung von strategischen Geschäftseinheiten führen.

Je nach dem, welchen Stellenwert man hinkünftig den strategischen Geschäftseinheiten beimißt, desto stärker und präziser kommt die Verankerung in der bestehenden Organisationsstruktur zum Ausdruck. Das heißt je weiter rechts wir in Abbildung 33 vorstoßen, um so prägnanter wird der Einfluß der neugebildeten strategischen Geschäftseinheiten. Gleichzeitig verringert sich der Einfluß der traditionellen bisher bestehenden Linienbereiche im entsprechenden Ausmaß. Allerdings, um es gleich hier vorwegzunehmen, zeigen zahlreiche Praxisbeispiele deutlich auf, daß es natürlich nicht nur mit einer organisatorischen Verankerung der neu gebildeten Einheiten getan ist. In der Regel bedarf es in einem nicht unbeträchtlichen Ausmaß auch einer entsprechenden Reorganisation der Abläufe innerhalb der bestehenden Linieneinheiten.

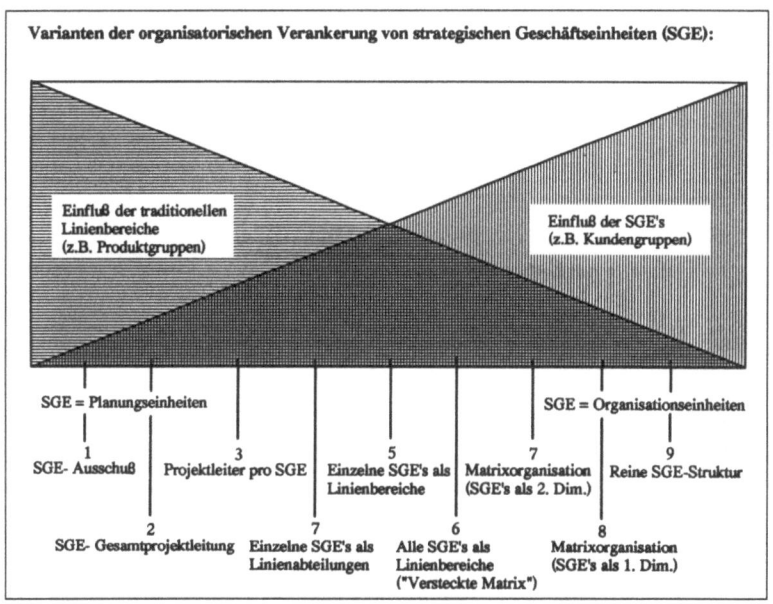

Abb 33: Neun idealtypische Formen der organisatorischen Verankerung von strategischen Geschäftseinheiten (vgl. Drexel, 1987)

Durch Akquisitionen, ständige Ausweitung der Geschäftsaktivitäten oder Vergrößerung des Angebots an Marktleistungen sind schon eine Vielzahl der Unternehmungen so komplex geworden, daß eine rein funktional organisierte Unternehmung den Führungsaufgaben kaum noch gerecht werden kann. Zusätzlich zwingen der verstärkte Wettbewerbsdruck – Wandel von Verkäufer- zu Käufermärkten – die Globalisierung der Märkte, der ständig beschleunigte Innovationsprozeß etc., eine Reihe von Unternehmungen operative, kleinere Einheiten zu schaffen, die möglichst autonom und schnell reagieren können (vgl. Hillebrand/Linden, 1990).

Nachfolgend werden die einzelnen Möglichkeiten der organisatorischen Verankerung von strategischen Geschäftseinheiten etwas detaillierter dargestellt (vgl. Drexel, 1987).

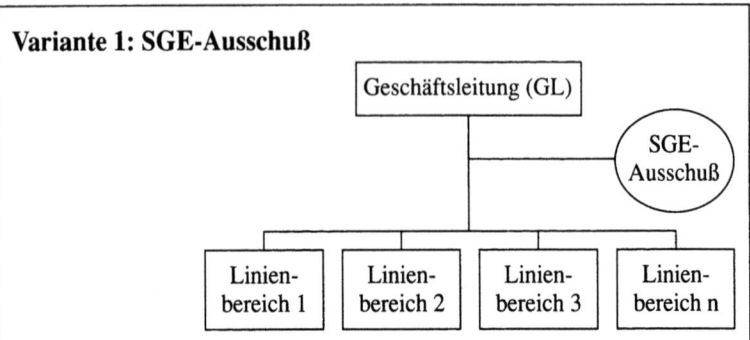

Variante 1: SGE-Ausschuß

Charakteristik:
- SGE's bleiben reine Planungseinheiten
- Die Koordination der SGE's erfolgt durch einen SGE-Ausschuß, der in der Regel periodisch zusammentrifft
- Die personelle Zusammensetzung ergibt sich aus den verantwortlichen Führungskräften, die bei der Strategiebearbeitung mitgewirkt haben.

Chancen/Vorteile:
- Vorerst keine Änderung der bestehenden Organisationsstruktur erforderlich
- Geringer Kostenaufwand
- Personalunion zwischen Ausschuß-Mitgliedern und Linienbereichsverantwortlichen

Gefahren/Nachteile:
- SGE-Sandkastenspiele, da die SGE's nur imaginär vorhanden sind
- Keine Identifikation mit SGE's
- Verantwortungsdiffusion
- Umsetzungsprobleme

Abb. 34 a

Variante 2: SGE-Gesamtprojektleitung

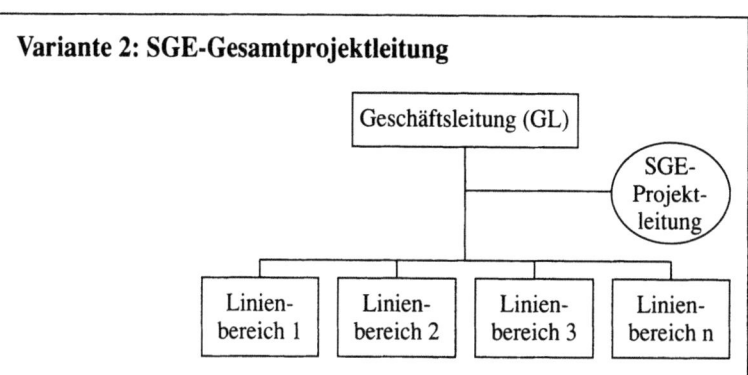

Charakteristik:
- Koordination durch einen Projektleiter, der für alle SGE's zuständig und verantwortlich ist

Chancen/Vorteile:
- Klare personelle Verantwortlichkeit in Form des Projektleiters
- Entlastung der Linienverantwortlichen (Entfall der Ausschuß-Tätigkeit)

Gefahren/Nachteile:
- Wie Variante 1
- Durchsetzung eventuell noch schwieriger, da keine Personalunion zwischen Projektleiter und Linienverantwortlichen
- Projektleiter kann isoliert bzw. abgeschoben werden

Abb. 34b

Variante 3: Projektleiter pro SGE

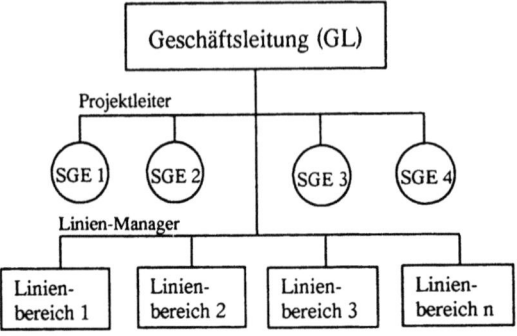

Charakteristik:
- Pro SGE ein hauptverantwortlicher Projektleiter

Chancen/Vorteile:
- Klare Verantwortlichkeit pro SGE
- Höhere Spezialisierung
- Alle SGE's als organisatorische Einheit erkennbar

Gefahren/Nachteile:
- Wie Variante 2
- Projektleiter verkümmern zu internen Administratoren
- Projektleitern fehlt der personelle Unterbau
- Vorprogrammierte Konflikte mit Linienverantwortlichen

Abb. 34c

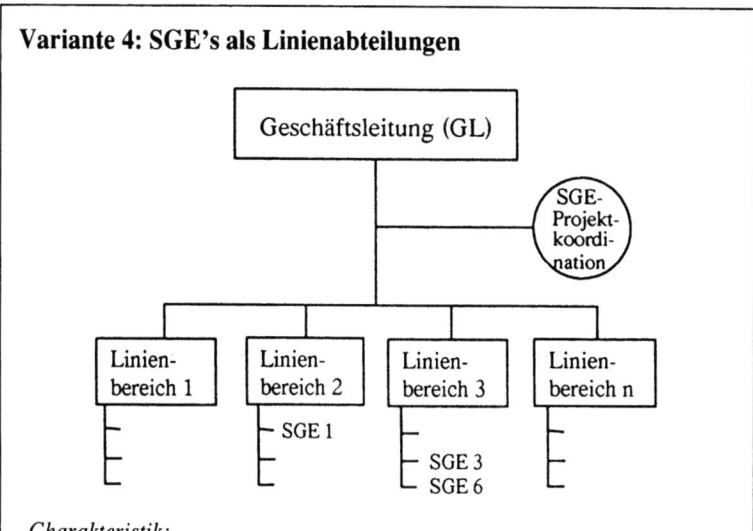

Variante 4: SGE's als Linienabteilungen

Charakteristik:
- Einzelne SGE's werden in den traditionellen Linienbereichen integriert
- Restliche SGE's werden durch SGE-Projektkoordination gesteuert

Chancen/Vorteile:
- Umsetzung wird dort erleichtert, wo SGE-Leiter gleichzeitig ergebnisverantwortlicher Linienverantwortlicher ist
- SGE-Arbeit als Linienfunktion akzeptiert

Gefahren/Nachteile:
Für Linien-SGE's zu geringe Entfaltungsmöglichkeiten
- Bereichsübergreifende Koordination schwierig
- Für restliche SGE's: Wie Variante 3

Abb. 34d

Variante 5: Ausgliederung einzelner SGE's als Linienbereiche

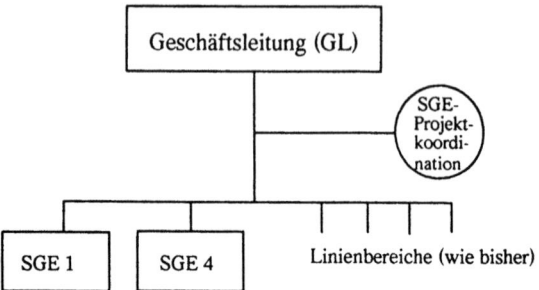

Charakteristik:
- Aufwertung der ausgegliederten SGE's
- Entsprechende SGE-Leiter sind direkt der Geschäftsleitung unterstellt

Chancen/Vorteile:
- Für die ausgegliederten SGE's besteht eine höhere Selbständigkeit und Entwicklungsmöglichkeit

Gefahren/Nachteile:
- SGE-Leitern fehlt zu Beginn noch der notwendige personelle Unterbau
- Abgrenzungs- und Schnittstellenprobleme mit traditionellen Linienbereichen
- Verbreiterung der Leitungsspanne

Abb. 34e

Variante 6: „Versteckte Matrix"

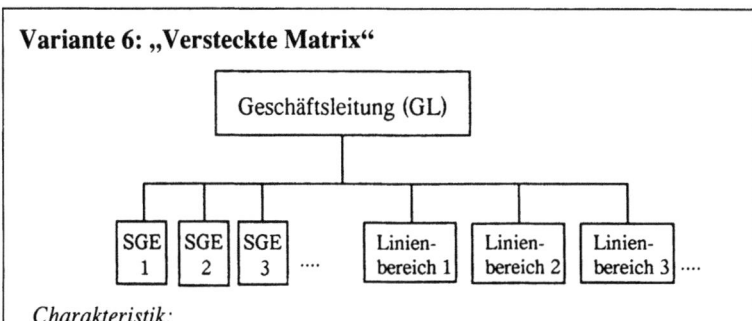

Charakteristik:
- Alle SGE's als Linienbereiche installiert
- Bisherige Linienbereiche bleiben weiterhin bestehen

Chancen/Vorteile:
- Selbständigkeit und Entwicklungsmöglichkeiten der SGE's

Gefahren/Nachteile:
- SGE-Verankerung führt zu einer entsprechend großen Verbreiterung der Leitungsspanne
- Unnötige Kosten und Doppelspurigkeiten
- Vorprogrammierte Konflikte der SGE-Leiter mit traditionellen Linienbereichsverantwortlichen
- Manager der Linienbereiche fühlen sich zurückgestellt: Kann zu Resignationen bei etablierten Managern führen

Abb. 34f

Variante 7: Matrixorganisation, mit den SGE's in der zweiten Dimension

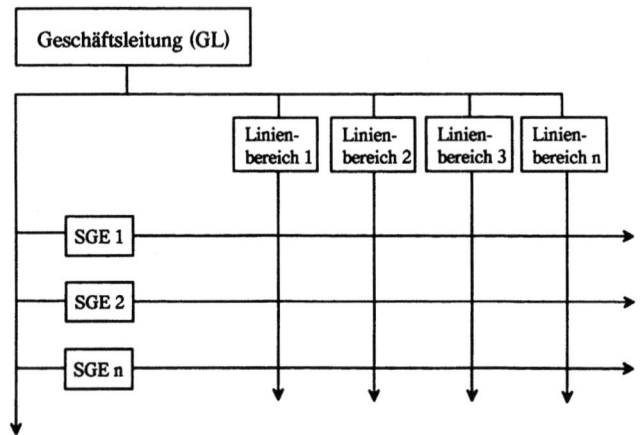

Charakteristik:
- SGE-Dimension offiziell als zweite (und damit zusätzliche) Geschäftsdimension installiert
- SGE-Leiter sind auch direkt der Geschäftsleitung unterstellt

Chancen/Vorteile:
- Alle SGE's sind selbständig und damit entwicklungsfähig
- Koordinationsbedarf zwischen SGE-, und traditionellen Linienbereichen wird als konstruktiv angesehen

Gefahren/Nachteile:
- Doppelunterstellungen; verlangt hohes Maß an Disziplin
- Kampf um Spezialisten
- Vorprogrammierte Konflikte zwischen SGE's und Linienbereichen
- Zunehmende Inflation „an Führungspositionen"

Abb. 34g

Variante 8: Matrixorganisation, mit den SGE's in der ersten Dimension

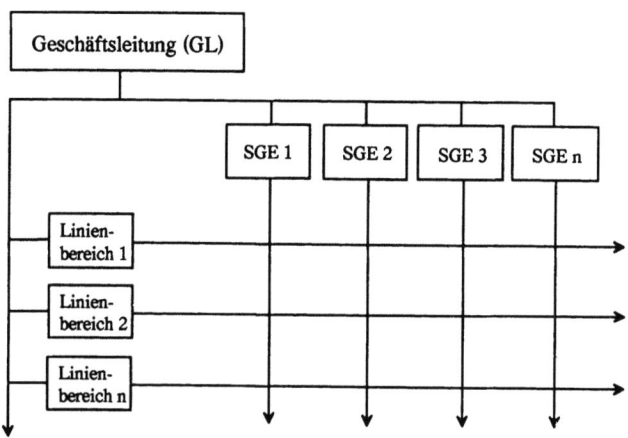

Charakteristik:
- SGE's auch rein optisch als erste Dimension verankert

Chancen/Vorteile:
- Wie Variante 7
- SGE-Leiter psychologisch aufgewertet

Gefahren/Nachteile:
Wie Variante 7
- Führungskräfte der Linienbereiche fühlen sich zurückgestellt, obwohl sie auch direkt der Geschäftsleitung unterstellt sind: Kann zu innerer Kündigung bzw. De-facto-Kündigung führen

Abb. 34h

Variante 9: Reine SGE-Struktur

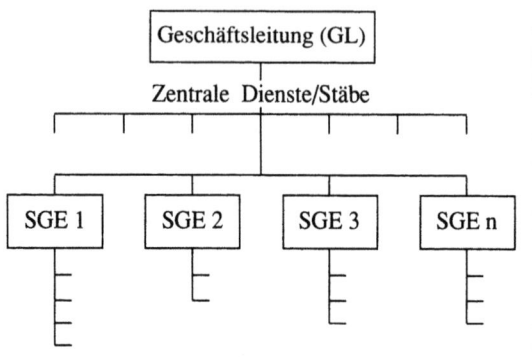

Charakteristik:
- Reine SGE-Gliederung direkt unter der Geschäftsleitung
- Traditionelle Linienbereiche sind in die SGE's integriert (Ausnahme: Zentral Dienste und Stäbe)

Chancen/Vorteile:
- Klare Organisation nach Marktprioritäten
- Klarer Vorrang der direkt Resultat erbringenden Einheiten

Gefahren/Nachteile:
- Möglichkeit einer „organisatorischen Revolution"
- Evtl. Zerschlagung heute funktionierender traditioneller Linienbereiche
- Evtl. Zersplitterung von Funktionen (wenn Aufteilung auf mehrere SGE's)

Abb. 34i

Zusammenfassende Betrachtung der organisatorischen Verankerung von SGE's

Die oben aufgezeigten neun Varianten stellen idealtypische Verankerungsmöglichkeiten von strategischen Geschäftseinheiten dar. Die in Kapitel 3 gebildeten SGE's können beispielsweise auf diese Weise in der Gesamtunternehmung verankert werden. Darüber hinaus existieren in der Praxis natürlich eine Fülle von Möglichkeiten, neu gebildete strategische Geschäftseinheiten organisatorisch zu verankern. Die dargestellten Varianten zeigen jedoch auf, wie in jedem Unternehmen nach Bedarf und Notwendigkeit ein entsprechender SGE-Einfluß gewählt werden kann. Gleichzeitig signalisieren die unterschiedlichen organisatorischen Verankerungsmöglichkeiten ein Mehr oder Weniger an organisatorischer Veränderungsbereitschaft an. Wenn sich aber das Unternehmen bzw. die Unternehmensleitung in ihrem „Mission-Statement" eindeutig für eine künftig stärkere Marktorientierung ausspricht, muß zwangsläufig dies auch in einer neuen Organisation zum Ausdruck kommen. Nur so kann nach Auffassung der Autoren eine durchgehende Umsetzung, aber auch Signalwirkung nach innen und außen erzeugt werden. Eine wesentliche Konsequenz für die unterschiedlichen Verankerungsmöglichkeiten ergibt sich auch daraus, daß man es nach einer Reorganisation in der Regel mit neuen Abrechnungseinheiten zu tun hat. Das heißt, eine entscheidende Frage wird auch darin liegen, inwieweit klar und eindeutig Kosten und Erträge den einzelnen strategischen Geschäftseinheiten zugeordnet werden können. Nur damit ist auf Dauer eine entsprechende Abgrenzung und Erfolgssteuerung möglich.

Die aufgezeigten neun Varianten bieten nur erste Hinweise für mögliche Verankerungsformen von strategischen Geschäftseinheiten. In der Praxis gibt es heute eine Vielzahl von Mischformen jeglicher Art. Die endgültigen Verankerungsmöglichkeiten hängen im wesentlichen auch davon ab, wie es den Unternehmungen gelingt, von der derzeitigen organisatorischen Lösung zu einer idealen bzw. realistischen Organisationsform zu kommen.

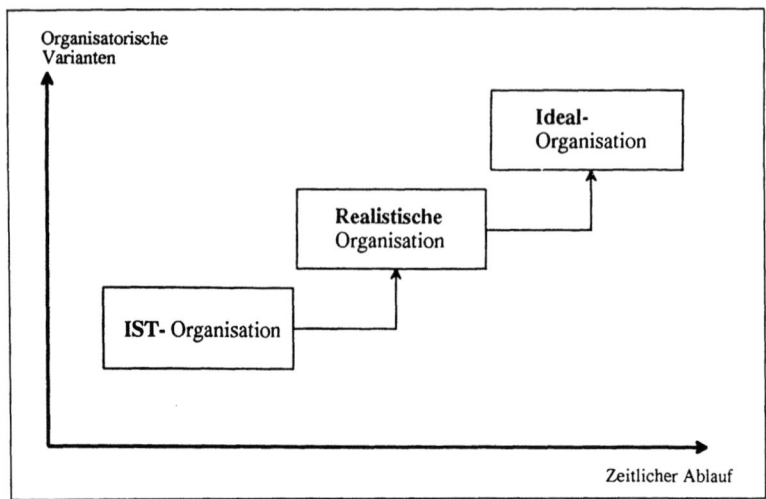

Abb. 35: Entwicklungsprozeß von der bestehenden Organisation zur Idealorganisation

Entscheidende Rahmenbedingungen bei der Umsetzung einer SGE-Struktur

Für eine erfolgreiche organisatorische Neuausrichtung sind in erster Linie das Management und entsprechend vorbereitete Manager selbst verantwortlich. Sie sind es, die Veränderungen wahrnehmen müssen, die sie selbst, ihre Mitarbeiter und die Organisationen leistungsfähig machen, die Ziele definieren und Ressourcen mobilisieren müssen, damit Probleme gelöst und Chancen genutzt werden können.

Allerdings sind für ein möglichst reibungsloses Funktionieren eine Reihe von strukturellen Anforderungen zu berücksichtigen:

- Abstimmung und Klarstellung der Aufgaben, Kompetenzen und Verantwortlichkeiten, insbesondere zwischen den verantwortlichen Führungskräften des neu definierten Strategischen Geschäftseinheiten und den traditionellen Bereichen;

- Definition des Job-Designs und des Assignment-Controls (Einsatzplanung und -steuerung) der wesentlichen Entscheidungsträger;
- Abstimmung der Funktionen zwischen den SGE-Leitern und den Linienverantwortlichen mittels organisatorischer Instrumente, z. B. den Funktionsdiagrammen.

Das Handeln der Führungskräfte sollte dabei geleitet werden von den eingeschlagenen Strategien und den unterstützenden Strukturen. Allerdings verlangt die Definition der einzelnen Fragestellungen die Klarstellung und Überwindung einer Reihe von organisatorischen Unsicherheiten (vgl. Peters, 1993), wie z. B.

- Organisieren/konzentrieren vs. desorganisieren/dezentralisieren
- Kleine Einheiten vs. große Einheiten
- Selbstverantwortung vs. Teamarbeit
- Spezialisten vs. Universalisten

Nach Ansicht der Autoren gibt es für die künftigen organisatorischen Voraussetzungen keine allgemein gültigen Antworten und schon gar nicht irgendwelche Patentrezepte.

Jedenfalls dürfen und sollten Reorganisationen nicht der Organisation willen, sondern in erster Linie aufgrund der Anforderungen vom Markt her („customer driven") durchgeführt werden. Ein wesentlicher Effekt sollte auch ein verstärktes unternehmerisches Handeln bei den beteiligten Führungskräften und Mitarbeitern bewirken bzw. erleichtern.

Grundsätze einer strategisch strukturellen Ausrichtung der neu gebildeten SGE's

Wesentlich für eine erfolgreiche Strategieentwicklung und noch wesentlicher für eine erfolgsversprechende Umsetzung ist eine systematische Vorgangsweise. Dazu gibt es heute eine Reihe von Konzepten und Prozeßabläufen, die alle mehr oder weniger auf der folgenden Grundsystematik aufbauen:

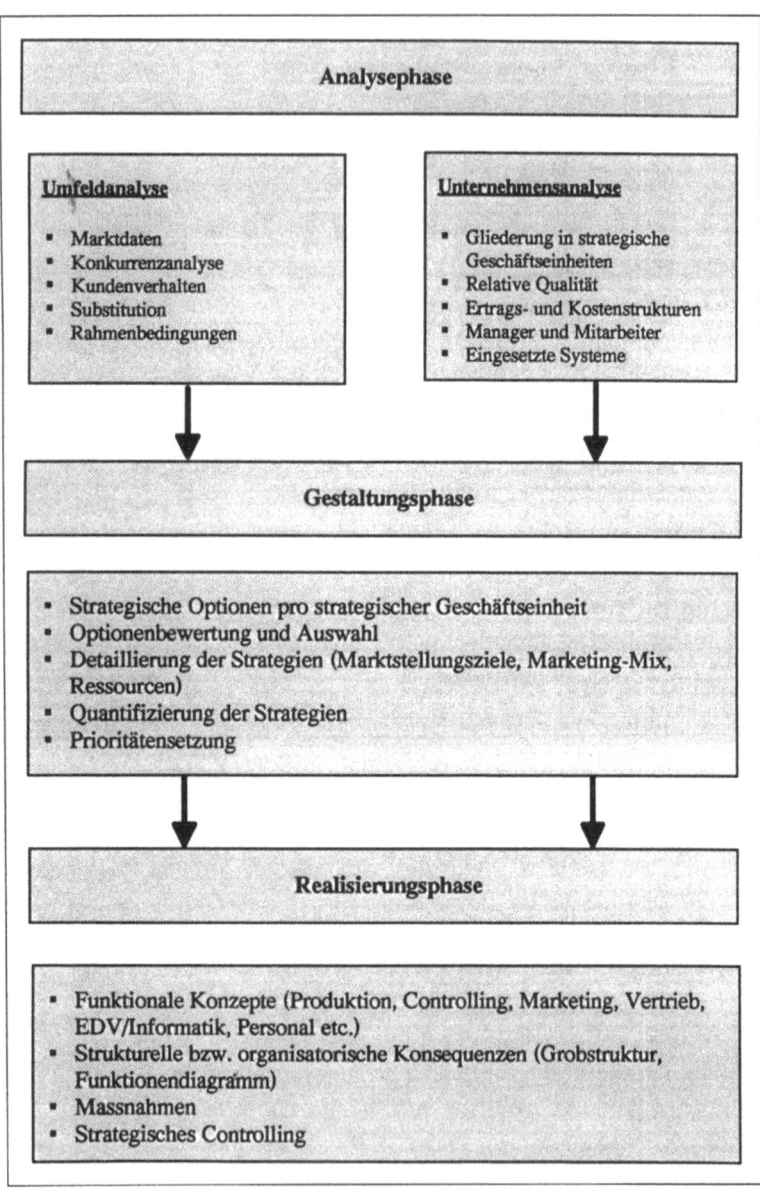

Abb 36: Grundsystematik des strategisch strukturellen Planungsablaufs

Wie umfangreich ein Strategie- und Strukturprojekt ist, hängt im Einzelfall von der Größe der Unternehmung, den vorhandenen Vorarbeiten und der zur Verfügung stehenden Datenlage ab. Auf jeden Fall ist bei einer seriösen Erarbeitung mit einem Projektzeitraum von rund sechs bis neun Monaten zu rechnen.

Das letztendlich entscheidende jeder Strategie ist ihre Umsetzung. Daher sind alle Vorkehrungen zu treffen, um die Umsetzungschancen zu erhöhen. Einer der wesentlichsten Faktoren in diesem Zusammenhang ist der Einbezug von der künftigen Neuausrichtung betroffenen Führungskräfte. Je stärker diese Führungskräfte in die Erarbeitung integriert sind, desto klarer wird diesen auch die Notwendigkeit von entsprechenden Veränderungen. Dies ist überhaupt eine Grundvoraussetzung für Verhaltensänderungen, neben allen weiteren positiven Aspekten wie Teamgeist und Unité de doctrine. Je früher man Führungskräfte in solche Prozesse involviert, desto einsichtiger werden für diese eventuell notwendige organisatorische Veränderungen.

Je mehr Aktivitäten marktmäßig gesetzt werden, desto mehr Ausnahmen entstehen in der Organisation, desto mehr Koordination zwischen Abteilungen und Mitarbeitern wird notwendig, desto mehr Risiken müssen gesteuert werden. Kurz, die Komplexität der Unternehmung steigt. Parallel zur Komplexität steigen auch die Kosten in der Unternehmung an, vor allem Infrastruktur- und Systemkosten. Solche Komplexitätskosten können erfolgreich nur von der Marktseite bekämpft werden:

- Welche Geschäftseinheiten werden forciert, welche reduziert, welche aufgegeben?
- Welche Funktionen, Systeme und Ressourcenausstattungen müssen für diese Geschäfte vorhanden sein?

Das heißt, für eine erfolgreiche künftige Ausrichtung muß sich jede Unternehmung zuerst einmal folgende Fragen stellen:

In der Praxis stellt der geplante Rückzug aus Geschäftsaktivitäten das größte Problem dar. Psychologische Hürden fallen rasch, wenn es um

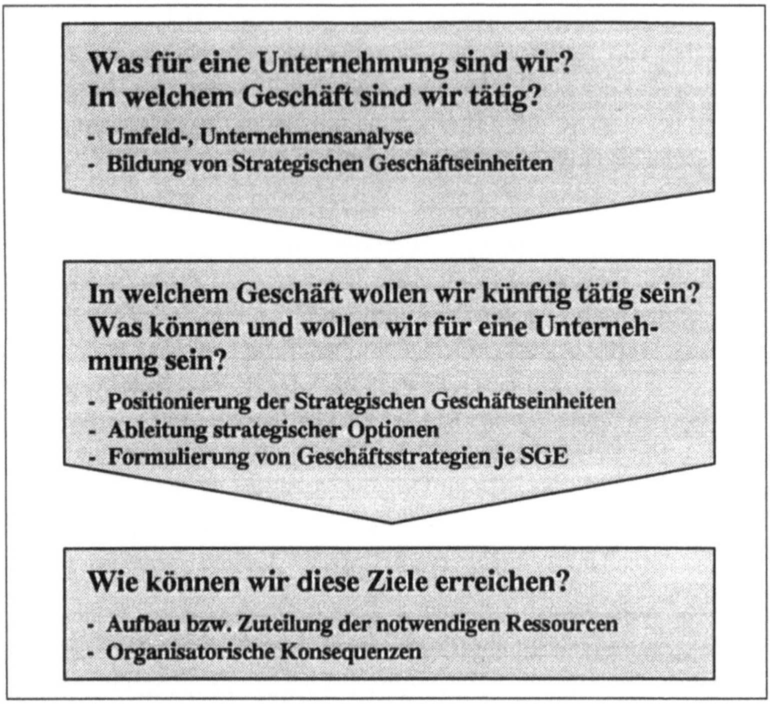

**Was für eine Unternehmung sind wir?
In welchem Geschäft sind wir tätig?**
- Umfeld-, Unternehmensanalyse
- Bildung von Strategischen Geschäftseinheiten

**In welchem Geschäft wollen wir künftig tätig sein?
Was können und wollen wir für eine Unternehmung sein?**
- Positionierung der Strategischen Geschäftseinheiten
- Ableitung strategischer Optionen
- Formulierung von Geschäftsstrategien je SGE

Wie können wir diese Ziele erreichen?
- Aufbau bzw. Zuteilung der notwendigen Ressourcen
- Organisatorische Konsequenzen

Abb 37: Strategische Checkfragen

die Einführung von Neuem geht, sind aber um so resistenter, wenn es um die Aufgabe von Altem geht. Hier helfen oft nur fundierte und mit Zahlen untermauerte Analysen sowie eine entsprechende Beharrlichkeit der Unternehmensleitung.

Psychologische Aspekte von Reorganisationen

Neue Strukturen bedeuten aus Sicht der Betroffenen zunächst Veränderungen, die in vielen Fällen zu Widerständen und Verunsicherungen führen. Daher sind entsprechende Veränderungstaktiken von Anfang an zu planen. Dabei sind im wesentlichen folgende Fragen zu klären:

- Wer wird in die Neugestaltung der Struktur involviert?
- Wie fließen Wertvorstellungen des Topmanagements ein?
- Wie werden die Realisierungsschritte zur Zielstruktur zeitlich gestaltet?
- Wie rasch und wie konsequent erfolgen Neubesetzungen?
- Wie werden die neuen Strukturen kommuniziert?

Zur Lösung all dieser Fragen gibt es keine Patentrezepte. Vielmehr müssen sie von jeder Unternehmung individuell, unter Berücksichtigung der zu bewahrenden oder eben zu verändernden Unternehmenskultur, beantwortet werden. Wichtig ist es aber, all diese Fragen vorab zu klären, um den Veränderungsprozeß richtig steuern zu können. Von deren Ablauf hängt auch sehr stark der Erfolg ab. Das künftige Verhalten von Führungskräften und damit Mitarbeitern wird auch entsprechend durch diesen Veränderungsprozeß geprägt. Dabei müssen jedoch alle Elemente des organisatorischen Spannungsfeldes eine entsprechende Berücksichtigung finden. Die in der Abbildung 31 dargestellten Bausteine einer Organisation werden an dieser Stelle nochmals kurz am Beispiel einer Bank dokumentiert:

| Strategische Geschäftseinheiten (Marktbereiche) | Die strategischen Geschäftseinheiten sind als Abgrenzung des Marktes der wesentliche Baustein der Organisation. Die meisten Banken gliedern heute ihr Geschäft nach Kundengruppen. Beispiele dafür sind: private Mengenkunden, vermögende Privatkunden, Industriebetriebe, institutionelle Anleger etc. |

 **Produktbereiche**: Jede Bank benötigt in sich auch entsprechende Funktionen zur Produktentwicklung und Produktpflege sowie, immer wichtiger, kompetente Produktberatung bei komplexen Produkten. Zum Beispiel: Kreditgeschäfte, Kapitalmarktgeschäfte, Auslandsgeschäfte, Einlagengeschäfte

 **Vertriebskanäle**: Für die effiziente Ansprache und Betreuung der definierten Kundengruppen ist in den meisten Fällen eine unterschiedliche Steuerung der Vertriebskanäle sinnvoll. Beispiel dafür: Hauptfilialen, Filialen, Kleinzweigstellen, Mobile Betreuung (Außendienst), Makler, Selbstbedienung und Btx.

 **Produktionsbereiche (Back-Office)**: Eine rationelle und effizient organisierte Bankproduktion wird immer mehr zu einem Erfolgsfaktor, der vor allem die Kostenposition bestimmt. Diesen Aufgaben ist künftig noch mehr Augenmerk zu schenken. Beispiele für Produktionsbereiche: Zahlungsverkehr, Kreditabwicklung, Wertpapierabwicklung.

 **Managementbereiche**: Die Managementbereiche („Steuerungsbereiche") sind in den letzten Jahren bei vielen Bank erheblich ausgeweitet worden und spielen mit ihren Systemen in der Struktur eine immer bedeutendere Rolle. Beispiele für Managementbereiche: Treasury, Controlling, Marketing-Services, Personalmanagement.

Mit diesen Bausteinen sind auch Unternehmungen außerhalb des Finanzdienstleistungssektors versehen, allerdings mit den entsprechenden Änderungen. Um es nochmals eindeutig darzustellen: Es geht bei einer künftigen Neuausrichtung einer Unternehmung bzw. einer Reorganisation nicht um die Etablierung neuer Kästchen bzw. neuer Bezeichnungen, sondern vielmehr um die organisatorische Verankerung einer neuen Philosophie bzw. eines entsprechenden Denkansatzes in der Unternehmung. Dabei sind alle Bausteine einer Organisation zu berücksichtigen.

5. Das Management der strategischen Geschäftseinheiten

Heute wird eindeutig die Managementleistung als einer der wesentlichen Schlüssel für gesteigerte Wettbewerbsfähigkeit und erhöhte Produktivität gesehen. Eng einhergehend mit der Neuausrichtung von Unternehmungen geht auch das Management oder die Führung dieser neu geschaffenen Einheiten. Es kann sogar als wahrscheinlich unterstellt werden, daß wir hinkünftig viel mehr Menschen brauchen werden, die viel profundere Kenntnisse über Führung besitzen, als dies heute der Fall ist; einerseits um die Führungsaufgaben besser erfüllen zu können, andererseits aber auch, um wirklich kompetente Führung verlangen zu können (vgl. Drucker, 1974, 1990, 1992; Malik, 1993).

Jede auch nur einigermaßen bedeutsame Aufgabe wird durch Organisationen und innerhalb von Organisationen erfüllt. Seien dies Industrieunternehmungen oder Unternehmungen des Dienstleistungsbereiches, seien es Krankenhäuser, Schulen oder Universitäten. Der einzelne handelt nur selten als einzelner, er handelt immer namens und auftrags von Organisationen. Innerhalb von knapp 100 Jahren und nicht zuletzt verursacht durch die letzte dieser großen Innovationswellen sind wir zu einer durch und durch organisierten, wenn auch natürlich keineswegs gut organisierten Gesellschaft geworden. Was früher noch in kleinen Einheiten, der Familie, dem Bauernhof, dem Handwerksbetrieb und dem kleinen Laden geschah und von diesen erledigt, produziert und geleistet wurde, wird in immer noch wachsendem Umfang, ob es uns paßt oder nicht, von großen Organisationen übernommen. Man mag dies begrüßen oder bedauern; es ist eine Tatsache. Diese Organisationen, ihrerseits eine säkulare Innovationserscheinung, sind auf unpersönliche Kontinuität angelegt. Die derzeit wichtigste, am schnellsten wachsende und gleichzeitig am wenigsten verstandene Komponente sind im Gegensatz zu früheren Technologieschüben nicht mehr die manuellen Arbeiter, es sind die Kopfarbeiter. Diejenige Gruppe, die größtenteils gleichzeitig mit ihren Fachaufgaben auch Führungsaufgaben zu erfüllen hat.

Wir haben die Zeit längst hinter uns gelassen, in der Führung noch das Privileg oder auch die Bürde einiger weniger war. Wir dürfen nicht der Illusion erliegen, daß Führungskräfte nur gerade die obersten Repräsentanten von Organisationen seien. Führung wird in unserer Gesellschaft von Hunderttausenden von Führungskräften ausgeübt, die über viele Stufen verteilt täglich Millionen von Entscheidungen fällen, die andere Menschen betreffen. In Wahrheit hat sich durch die Entstehung einer organisierten Welt eine soziale Revolution größten Ausmaßes fast unbemerkt und vor allem unblutig abgespielt und dazu geführt, daß heute sowohl absolut wie relativ mehr Menschen als je zuvor echte Führungsaufgaben zu erfüllen haben.

Komplexitätsreduktion durch eine verstärkte Dezentralisation

Gerade durch den verstärkten Wettbewerbsdruck und die zunehmende Wandlung der Märkte von Verkäufermärkten zu Käufermärkten zählen eine konsequente Kundenorientierung und Produkt- bzw. Dienstleistungsdifferenzierung zu den entscheidenden Wettbewerbsparametern. Die zunehmende Dynamisierung der Märkte bringt zwangsläufig auch eine entsprechende Anpassung der Wettbewerbsstrategien und damit einhergehend vielfach auch eine organisatorische Anpassung mit sich. Die Bildung kleinerer, in sich homogener Geschäftseinheiten spielt bei solchen Überlegungen eine wesentliche Rolle. Durch diesen Dezentralisierungsprozeß ausgelöst, müssen noch eine Reihe weiterer Fragen mitbeantwortet werden. So sind beispielsweise die Stellung und Aufgaben der etablierten Stäbe und zentralen Dienste zu hinterfragen und deren Bedeutung neu zu definieren. In diesem Zusammenhang ist auch die Desinvestition von kerngeschäftsfremden Aktivitäten – im Sinne eines Outformings bzw. von Outsourcing-Bestrebungen – zu überprüfen. Gerade durch die Bildung von „Unternehmen im Unternehmen", den sogenannten strategischen Geschäftseinheiten, kommt den zentralen Diensten und Stäben eine neue Bedeutung zu, damit von

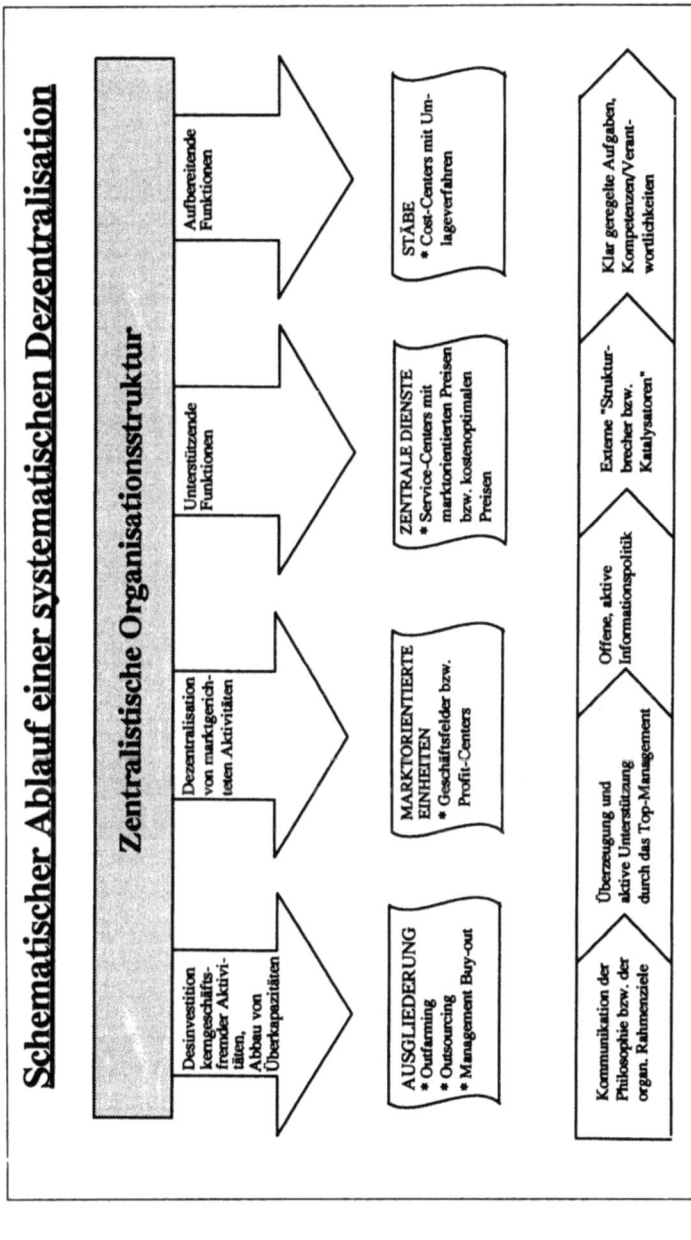

Abb. 38   Von der Zentralisation zur Dezentralisation

vorneherein einer Verzettelung der Kräfte und Ressourcen entgegengewirkt werden kann, ohne dabei den unternehmerischen Autonomiegrad der neu gebildeten strategischen Geschäftseinheiten zu stark zu beschneiden.

Die meisten Organisationen der Zukunft müssen einen größeren Dezentralisierungsgrad aufweisen. Die künftigen Organisation müssen noch rascher Entscheidungen treffen können, sie müssen in noch stärkerem Ausmaß markt- und kundenorientiert sein, damit auch möglichst schnell und flexibel gehandelt werden kann.

Mit den entsprechenden Aufgaben müssen in jedem Fall auch die Freiräume, Kompetenzen und Verantwortlichkeiten für unternehmerisches Handeln übertragen werden. Dies wiederum verlangt auch entsprechende Mitarbeiter und Führungskräfte. Der Beruf der Führungskraft – und damit der Verantwortlichen für eine Steuerung des Geschäfts – rückt immer stärker in den Mittelpunkt (vgl. Malik, 1993).

Der Beruf der Führungskraft

Vor wenigen Jahren bzw. Jahrzehnten hörte man noch öfters Aussagen wie „Zum Führen ist man geboren und dann beherrscht man es" oder „Führen kann man nicht lernen". Diese oder ähnliche Aussagen waren weitverbreitete Meinungen zum Thema Führung. Und obwohl man solche Aussagen heute seltener findet, gibt es noch genügend Führungskräfte, die glauben, ohne Führungshilfsmittel und entsprechende Kenntnisse auszukommen. Ein Instrument, das von sehr vielen verwendet wird, ist ein Taschenkalender, eine Agenda mit Zeitplanung oder etwas ähnliches. Ob damit allein jedoch die Effektivität einer Führungskraft schon signifikant gesteigert werden kann, darf bezweifelt werden. Was macht also eine effektive Führungskraft wirklich aus? Ganz allgemein betrachtet, läßt sich der Beruf der Führungskraft folgenderweise charakterisieren:

- Ein Beruf von vielen Menschen
  Führungskraft zu sein ist heute auch in verschiedenen Organisationen – man könnte fast sagen – ein Massenberuf.

- Beruf ohne systematische Vorbereitung
  Viele, die diesen Beruf ausüben, besitzen zwar hohe fachliche Fähigkeiten und Kenntnisse (z. B. durch Fachschule, Studium, Lehre u. ä.), im Bereich Führung haben sie jedoch keine oder nur rudimentäre systematische Vorbereitung bzw. Ausbildung erfahren.

- Beruf der Komplexitätsbewältigung
  Management und Führung ist heute in fast jeder Organisation mit Komplexitätsbewältigung verbunden. Man sieht sich täglich mit unvorhergesehenen Terminen, neuen Kunden, akuten Problemen, plötzlichen Möglichkeiten und ähnlichem mehr konfrontiert. All das gilt es, unter einen Hut zu bringen.

- Führungskräfte und ihr Beruf
  Führungskräfte bilden heute einen wesentlichen Teil von Organisationen. Sie sind allesamt „Kopfarbeiter" und nicht unbedingt zu vergleichen mit Arbeitern und Angestellten aus der Fertigung bzw. Dienstleistungserstellung, die eben überwiegend dieselben manuellen Tätigkeiten nach vorgegebenen Mustern und Regeln zu verrichten haben. Die wesentlichen Herausforderungen für Führungskräfte in Organisationen lauten hinkünftig:
  – Wirksam werden in und durch die Organisationen
  – Erhöhung der Produktivität der „Kopfarbeiter".

Auf diese Hauptherausforderungen hinzuwirken, gilt es eben auch beim Management in Unternehmungen. Jede Führungskraft, jeder Manager in einer Organisation besitzt fachliche Fähigkeiten. Daneben muß er jedoch auch Spielmacher- und Integratorfunktionen wahrnehmen. Nur durch die ausgewogene Nutzung der drei Bereiche (Fachmann, Spielmacher, Integrator) kann jede Führungskraft, diesen sogenannten Beruf des „Resultate erzielens" wirksam erfüllen. Denn auf die Resultate bzw. Ergebnisse kommt es schließlich an. Die Organisationen unserer Gesellschaft und die in ihnen tätigen Menschen stehen aufgrund der immer rasanter werdenden Veränderungen im Markt vor gänzlich neuen Aufgaben und Verantwortungen. Und dies wird künftig eine noch viel kompetentere Führung von in Organisationen verantwortlichen Managern erfordern. Auch dieser Punkte muß man sich bei einer Neuausrichtung bzw. Reorganisation von Unternehmungen bewußt sein. Es geht eben nicht nur darum, strategische Geschäftseinheiten in einer Organisation zu verankern, sondern wir brauchen auch Führungskräfte und Mitarbeiter, die das nötige Verständnis und Führungspotential aufweisen.Das Wort „Management" kommt heute in fast allen Sprachen vor, und es wird von immer mehr Menschen in einer immer größeren Zahl von Bedeutungen verwendet. Manche verbinden mit diesem Wort Vorstellungen von Leistung und Fortschritt, von Einkommen und Erfolg, Prestige und Anerkennung. Für andere hingegen ist dieser Begriff eher verbunden mit Macht und Einfluß, mit Geschäftemacherei, auch Korruption, mit Willkür und Mißbrauch, mit Ausbeutung und Zerstörung und vor allem mit einer ausschließlich auf materialistische Dinge gerichtete Lebenseinstellung, die buchstäblich alles, was uns lieb und teuer ist, was Kultur, Menschlichkeit und Würde ausmacht, auf ein erschreckendes Maß an Mittelmäßigkeit hinunterzieht. Wir kommen aber nicht an der Tatsache vorbei, daß Management im Sinne der Erfüllung von Führungsaufgaben nicht durch einige wenige, sondern durch viele auf vielen Stufen jene entscheidende soziale Funktion ist, die über die Ressourcen, die uns zur Verfügung stehen, bestimmt, sowohl über die materiellen als auch über die intellektuellen Ressourcen, und die damit in sehr direkter Weise die Zukunft der Unternehmung bestimmt.

Grundsätze wirksamer Führungskräfte

Gute Führungskräfte wissen, daß ihre wichtigste Aufgabe darin besteht, effektiv zu sein. Sie erkennen auch ganz klar, daß zwischen Effizienz und Effektivität ein riesiger Unterschied besteht. Man kann es kaum besser formulieren, als Peter Drucker (1974) dies seit dreißig oder vierzig Jahren tut: „Effizienz heißt, die Dinge richtig zu tun. Effektiv sein heißt, die richtigen Dinge tun!" Die Grundsätze der Führung sind fundamentale Regeln, die es bei der Ausübung eines jeden Berufs einzuhalten gilt. Die Grundsätze wirksamer Arbeit und die entsprechenden Faktoren der geistigen Orientierung können durch ein Netzwerk dargestellt werden, das aus zwei wesentlichen Subsystemen oder Teilkreisläufen besteht. Gemeinsam bilden sie gewissermaßen eine „Karte der mentalen Orientierung".

Als wesentlich und daher im Mittelpunkt stehend gelten für die Führungskräfte die Resultate. Dabei geht es aber nicht um Resultate im Sinne von Effizienz, sondern von Effektivität – die richtigen Dinge tun! Denn es nützt uns die größte Effizienz nichts, wenn wir die falschen

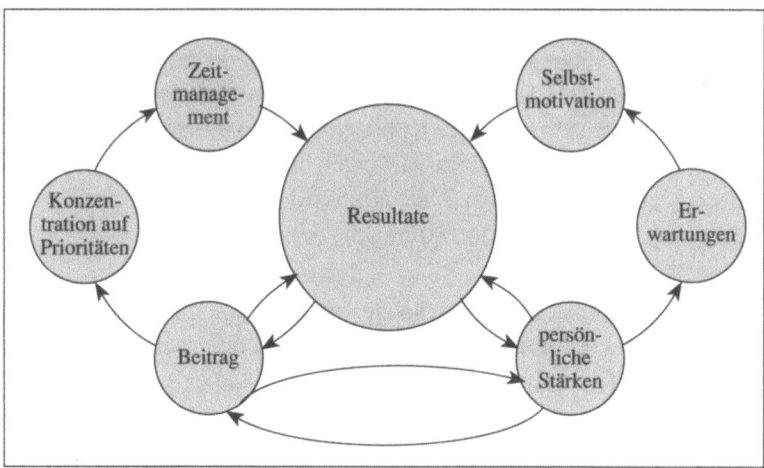

Abb. 39: Grundsätze effektiver Führungskräfte (vgl. Malik 1987; vgl. Drucker 1967)

Dinge immer besser tun. Selbst relativ geringe Effizienz ist immer noch ertragbar, solange wir nur effektiv sind. Ein bißchen weniger Effizienz, aber dafür die richtigen Dinge tun, zahlt sich allemal aus. Darin liegt wohl auch der spezifische Unterschied zwischen Management und vielen anderen Aktivitäten, die man um ihrer selbst willen betreiben kann.

Organisationen leistungsfähig zu machen, Resultate zu bewirken, einen Beitrag nach außen zu erbringen – das sind die entscheidenden Funktionen von Führungskräften und jeder, der das ernsthaft versucht, weiß, wie schwierig es ist, wie viele Hindernisse einem im Weg stehen, selbst wenn man nach bestem Wissen und Gewissen zu handeln versucht, wie viele Dinge außerhalb des eigenen Einflußbereiches liegen, und dennoch muß man diese Resultate verantworten. Resultate, insbesondere die richtigen Resultate erzielt nur jene Führungskraft, die sich absolut klar ist über den Beitrag, den sie im Rahmen einer Organisation an die Gesamtziele zu leisten hat. Einen entscheidenden Beitrag kann aber nur jemand leisten, wenn er seine Stärken kennt, wenn er weiß, was er wirklich kann, und darauf aufbaut. Klarheit über den Beitrag nach außen führt zur Konzentration auf die richtigen Prioritäten. Dies wiederum ist das wichtigste Steuerungselement für den richtigen Umgang mit der Zeit, die für die Erzielung von Resultaten zu verwenden ist. Die Ausrichtung auf Stärken, die eigenen, aber auch diejenigen von Mitarbeitern, Kollegen und Vorgesetzten, ist die einzige Chance, realistische Erwartungen über die Leistungsfähigkeit eines Menschen zu bilden. Und dies wiederum ist die Grundlage für eine tragfähige Selbstmotivation, die letztendlich allein zu echten Resultaten führt.

Es genügt nicht, sich über die Mühe, die man sich gibt, Gedanken zu machen. Es geht nicht um die Anstrengungen, nicht um die Zeit, die man aufwendet, nicht um den Streß, den man dabei aushält, sondern es geht um die Ergebnisse. Leider bezeichnet man als Management viel zu häufig das, was andere daran hindert, Leistungen zu erbringen. Daher ist die erste Frage jeder Führungskraft immer wieder: „Was muß ich tun, damit jeder in der Organisation, in der Abteilung, in der Gruppe seinerseits Resultate erzielen kann"? Und zwar immer im Hinblick auf die Außenwelt, auf den Markt, auf den Kunden, auf den Bürger. Resultate erzielt man immer draußen. Im Inneren einer Organisation entstehen nur Kosten, niemals Resultate. Die zweite wesentliche Frage besteht darin: „Was ist heute zu tun, damit unsere Organisation, unser Krankenhaus unsere strategische Geschäftseinheit für die Zukunft vorbereitet ist, innen gesund und lebensfähig ist?" Es geht aber bei den Produktivitätssteigerungen nicht um die primitive Form, immer mehr aus den Menschen herauszuquetschen. Die Devise heißt nicht „härter arbeiten", sondern sie heißt „klüger arbeiten".

Die Aufgabe lautet: working smarter

Nachfolgend soll diese Aufgabe an einem Beispiel etwas näher umschrieben werden. Beschäftigte in den auf wissen- und serviceorientierten Bereichen gibt es in großer Bandbreite: Sie reicht von Wissenschaftlern und Herzchirurgen über Pflegepersonal und Krankenpfleger bis zu den Pflegehilfskräften. Eines haben wir mittlerweile gelernt – und es traf uns wie ein Schock, was eben nicht geht: Kapital kann Arbeit nicht ersetzen. Krankenhäuser sind hier besonders lehrreiche Beispiele. Ende der 40er Jahre waren dies eher arbeitsintensive Betriebe mit nur geringen Kapitalinvestitionen, mal abgesehen von Ziegelsteinen, Mörtel und Betten. Heute sind Krankenhäuser enorm kapitalintensiv: Ultraschallgeräte, Scanner, Kernspintomographen, Blut- und Gewebeanalysegeräte, Intensivstationen und ein Dutzend weiterer neuer Technologien verschlingen riesige Investitionssummen. Jede der neuen Ausrüstungen brachten zusätzlich Bedarf an hochbezahltem Personal mit sich, aber im Prinzip keine Reduzierung des vorhandenen. Tatsächlich liegt das weltweite Eskalieren der Gesundheitskosten hauptsächlich daran, daß sich das Krankenhaus zu einem arbeits- und kapitalintensiven Monstrum entwickelt hat. Damit konnte natürlich auch die Leistungsfähigkeit dieser Spitäler deutlich gesteigert werden. Andere Wissens- oder Servicebereiche verzeichnen bloß höhere Kosten, mehr Investitionen und wachsende Personalstärke. Der einzige Weg aus diesem Schlamassel besteht in erheblichen Produktionssteigerungen. Und sie können nur durch das kommen, was Taylor einst als „working smarter" bezeichnete. Einfach gesagt, bedeutet das: Nicht härter und länger arbeiten, sondern produktiver. Erst mit der Idee, klüger zu arbeiten als zuvor, konnte die Produktivität in der Güterherstellung und -bewegung ihren kometenhaften Höhenflug antreten. Und so wird es in der Wissens- und Servicearbeit nicht anders werden – mit einem Unterschied: In der Güterproduktion ist „working smarter" nur einer von mehreren Hebeln zu höherer Produktivität, für die Wissens- und Servicearbeit der einzige. Doch bei der Frage, wie sich die Produktivität – und ein klügeres Arbeiten – bewerkstelligen läßt, muß zuerst gefragt werden: „Worin besteht die Tätigkeit? Was soll damit erreicht werden? Warum soll es überhaupt getan werden?" Die einfachsten und vielleicht auch größten Produktivitätsgewinne bei solch einer Arbeit ergeben sich aus der Definition der Tätigkeit und dem Eliminieren dessen, was nicht erforderlich ist.

Die Schlüsselbotschaft, die damals Frederic Winslow Taylor verbreitet hat, heißt: Die Produktivität von Menschen kann verbessert werden. Allerdings heute unter veränderten Vorzeichen. Der Produktivitätszuwachs, der die letzten 100 bis 120 Jahre geprägt hat, geht noch immer weiter, und dies durchaus im gleichen Tempo. Aber jetzt ist er nicht mehr entscheidend. Diese Produktivitätsrevolution ist vorbei. Der Grund dafür ist ganz einfach die Tatsache, daß wir nicht mehr genügend Leute in jenen Bereichen beschäftigen, wo es darauf ankäme, und damit ist auch eine Diskussion in Kategorien des 19. Jahrhunderts obsolet geworden. Heute gibt es immer weniger Menschen, die direkt in der Produktion beschäftigt sind. Die weitaus am stärksten wachsende Gruppe sind jene Arbeiter, die heute als „managerial and professional" bezeichnet werden. Es ist schlicht der Kopfarbeiter. Mit der Entstehung des Kopfarbeiters ist Wissen zum entscheidenden Stoff geworden, aus dem der Wohlstand gemacht ist. Nicht Information, und schon gar nicht Taten, sondern Wissen. Wissen ist die entscheidende Quelle von Wohlstand, und fast alle anderen sogenannten ökonomischen Ressourcen sind weitgehend nachrangig geworden. Aber genau betrachtet ist Wissen für sich genommen, und vor allem das Wissen der Spezialisten, völlig nutzlos. Die Anwendung von Wissen ist entscheidend: Die Transformation von Wissen in Nutzen – und genau das ist im wesentlichen Management. Management ist also die Umwandlung von Wissen in Nutzen. Wenn wir Wissen auf bereits bekannte Aufgaben anwenden, dann sprechen wir von Produktivität; wenn wir es auf Aufgaben anwenden, die wir noch nicht kennen, dann nennen wir es Innovation (vgl. Malik, 1992a; Drucker, 1988). Die Investitionen in das Management-Wissen sind im Vergleich zu jenen in das naturwissenschaftlich-technologische bemerkenswert bescheiden. Und das, obwohl wir schon heute wissen, daß einer der Engpaßfaktoren der Zukunft im Management liegen wird. Management ist der Engpaß und der Schlüssel bei der Umwandlung in Nutzen.

Management als Beruf und nicht als Berufung

Als Beruf kann Management wohl analysiert, diskutiert, gelehrt und gelernt werden. Wie jeder Beruf ist auch dieser im wesentlichen durch vier Aspekte charakterisiert, nämlich die Aufgaben, die notwendigerweise erfüllt werden müssen, die Werkzeuge, die dabei zum Einsatz gelangen, die handlungsleitenden Grundsätze, die es zu befolgen gilt, und schließlich durch die Verantwortung, die damit verbunden ist.

Alle Unternehmungen, fast ohne jede Ausnahme, bemühen sich Tag für Tag, die besten Manager zu bekommen, die Eliten, die Spitzenkräfte. Und trotz all dieser Bemühungen, was haben sie, was bekommen sie wirklich? Sie bekommen ganz normale Menschen, ganz gewöhnliche, durchschnittliche Menschen, denn wie weit hinauf wir auch immer die Qualifikationsstruktur zu erweitern verstehen, sie ist immer gaußverteilt; wir haben immer ungefähr gleich viel Gute und gleich viel Schlechte, wir haben ein paar Genies, ein paar Naturtalente. Aber Genies haben einen gewaltigen Nachteil: Sie sind selten. Und das Problem liegt nicht darin, mit Spitzenkräften Spitzenresultate zu erzielen – das wäre ja nicht weiter überraschend. Das Problem besteht doch darin, Organisationen so zu gestalten und so zu führen, daß ganz normale Menschen Spitzenresultate erzielen können.

Die meisten denken bei Management an die Führung von Menschen und vor allem an die Führung von Untergebenen. Dies stellt in Wahrheit aber das geringste Problem dar. In Wirklichkeit geht es um insgesamt vier Anwendungsbereiche, von denen die drei vernachlässigten weitaus schwieriger sind als der üblicherweise im Vordergrund stehende. Der Anfang und die erste Anwendung der berufsspezifischen Aufgaben, Werkzeuge und Grundsätze liegt auf dem Gebiet des Selbstmanagements, und dies ist vielleicht auch gleichzeitig am schwierigsten und sollte daher besondere Aufmerksamkeit finden. Dann folgen, nach Schwierigkeitsgraden geordnet, das Management des eigenen Vorgesetzten, jenes der Kollegen, dann erst jenes der Unterstellten.

Der Grund dafür ist recht einfach: im Zweifel kann man Untergebenen eine Weisung erteilen, um etwas zu bewirken. Klugerweise wird man dieses Mittel nicht oft einsetzen, es ist funktionell nicht besonders empfehlenswert und entspricht nicht dem Zeitgeist. Aber im Zweifel und wenn es gar nicht mehr anders geht, kann man eben das Instrument der Weisung, des Befehls, als Mittel der Führung nach unten durchaus einsetzen. Dieses Instrument steht uns aber für die anderen Bereiche a priori nicht zur Verfügung; den Chef, die Kollegen und sich selbst kann man nicht per Weisung führen.

Diese vier Anwendungsbereiche von Führung bilden in der Regel ein komplexes Netzwerk, das seine Eigendynamik und besonderen Gesetzlichkeiten aufweist. Dies wird üblicherweise von den Führungstheorien gar nicht gesehen, wenn wir von gelegentlichen Lippenbekenntnissen absehen. Im Vordergrund stehen öfters die Fragen nach den Vorgesetzten-Untergebenen-Verhältnis. Das Netzwerk, das hier aber zur Diskussion steht, ist etwas ganz anderes. Es ist keine Gruppe im Sinne der Gruppentheorie und es ist auch nicht das Vorgesetzten-Untergebenen-Verhältnis entscheidend. Wir haben bis heute keinen wirklich passenden Namen für diese spezifische Mehrheit von Personen, die Kraft ihrer Aufgaben und ihrer speziellen Kenntnisse in einer Organisation zusammenarbeiten müssen, und zwar im Dienste der Zwecke der Institution.

Am ehesten paßt noch der Ausdruck „Team". Die Besatzung eines großen Flugzeuges ist keine Gruppe, sondern ein Netzwerk von genau definierten Aufgaben, deren Träger austauschbar sind und dies auch sein müssen. Zur Erfüllung dieser Aufgaben darf es eben gerade nicht auf die gruppendynamischen Aspekte ankommen, auf Status, Rollen, Emotionen, Konflikte, Rangkämpfe, formelle versus informelle Führer, sondern auf die funktionssichere, kompetente und verantwortungsvolle Ausübung der spezifischen Tätigkeiten. Dies gilt um so mehr, wenn wir noch alle übrigen Funktionen ins Auge fassen, die erforderlich sind, damit die Flugzeugbesatzung ihre Aufgaben erfüllen kann, die Lotsen im Tower, die Leute, die für das Auftanken der Maschine, für die technische Funktionssicherheit des Flugzeuges, den Zustand der Pisten, die Abfertigung der Fluggäste usw. verantwortlich sind. Wir haben es mit einem Netzwerk zu tun, das den Rahmen der typischen Gruppe weit übersteigt.

Erweitern wir nun den Kontext von Management auf die Gesamtinstitution, so läßt sich die Realität am besten beschreiben als ein komplexes Gefüge von in sich verschachtelten Netzwerken, ein polyzentrisches, multidimensionales Gewebe, das als Ganzes wiederum eingebettet ist in ein Netzwerk anderer gesellschaftlicher Institutionen. Um so mehr kommt es an auf Leistung im Dienste der Zwecksetzung, Funktionszuverlässigkeit und Verantwortung. Und vor allen Dingen auf die gewissenhafte Erfüllung der Managementaufgaben auf allen Ebenen: die Bestimmung von Zielen und ihr Abwägen und Ausbalancieren gegeneinander; die Organisation und Allokation von Ressourcen; das Treffen und Wirksammachen von Entscheidungen; die Auswahl, Förderung und Plazierung von Menschen; die Kommunikation; die Beurteilung und Bewertung von Leistungen. Und selbstverständlich müssen auch hier – um jedem Mißverständnis entgegenzutreten der Zweck einer Institution, ihrer Mission und ihrer Legitimation hinterfragt werden.

Managen heißt also: die Stärken von Menschen wirksam machen. Menschen haben aber eben auch Schwächen, sie verursachen genauso Pannen, wie sie Hilfe benötigen; sie verursachen Kosten und sie sind emotional, aber: deshalb beschäftigen wir sie nicht, wir beschäftigen sie wegen ihrer Stärken. Und es gilt für Führungskräfte bzw. Manager, sie möglichst wirksam zu führen. Aus der Sicht der Autoren ist die Frage nach der idealen Führungskraft eher als sinnlos zu bezeichnen. Statt dessen müßte die Frage eher nach der effektiven Führungskraft sein. Es geht doch heute vielmehr darum, wie man es schafft, ganz gewöhnliche Leute zu außergewöhnlichen Leistungen zu bringen.

Management heißt auch Konzentration

Wissens- oder Servicearbeit verlangt Konzentration auf die Ausführung einer Aufgabe. Ein Chirurg ist im Operationssaal telefonisch so wenig erreichbar wie der Anwalt, der gerade von einem Klienten konsultiert wird. Doch in Organisationen, wo nun einmal der größte Teil der Wissens- und Dienstleistungstätigkeiten erfolgt, wird geteilte Aufmerksamkeit mehr und mehr zur Norm. Der überwiegende Anteil der einer Führungskraft zur Verfügung stehenden Zeit wird von externen Faktoren – Vorgesetzter, Sekretärin, Kollegen, Anfragen und Aufträge von Kunden etc. – bestimmt. Im wesentlichen ist also der überwiegende Teil der verfügbaren Zeit eines jeden Arbeitstages fremdbestimmt. Die bewußte Verfolgung der bisher dargelegten Prinzipien der Resultatsauswertung und Beitragserzielung stellt eine Prioritätensetzung bzw. Konzentration der Kräfte außer Zweifel. Die große Mehrheit der Führungskräfte muß sich indes mit einer ständig wachsenden Last von Geschäften herumplagen, mit Aktivitäten, die wenig oder nichts zur Wertschöpfung beitragen und kaum etwas mit dem zu tun haben, wofür diese Spezialisten qualifiziert sind und bezahlt werden. Sind nicht heute Führungskräfte gerade auch aus dem Zwang einer fast perfekten Steuerung des Geschäftes heraus konfrontiert mit einer Flut an Berichten und Reports, die sie ständig zu erstellen haben? Viele der Führungskräften müssen sich mit einer ständig wachsenden

Lawine von Papierkram herumschlagen, die die knapp verfügbare Zeit massiv einschränkt. Dabei handelt es sich nicht um Job-enrichment, sondern um Job-impoverishment, statt angereicherter Tätigkeit also Verarmung. Und eben das senkt die Produktivität herunter, schadet Motivation und Moral. Wir sollten uns also fragen, welche der Berichte und Reports, wirklich für eine erfolgreiche Steuerung der Geschäfte erforderlich sind. Und wir müssen uns auch fragen, warum Führungskräfte eigentlich auf der Gehaltsliste des Unternehmens stehen. Sicherlich nicht weil sie Papier ausfüllen, sondern in erster Linie, weil sie einen entsprechenden Beitrag nach außen leisten. Diese Fragen sind wesentliche Schritte zu einem „working smarter".

Sie definieren Tätigkeiten, konzentrieren sich darauf und definieren die Leistungen: Allein schon diese drei Schritte führen zu bedeutenden Produktivitätsgewinnen. Dies setzt allerdings voraus, daß wir anwenden, was wir seit dem Zweiten Weltkrieg über die Steigerung der Produktivität in der Güterherstellung und -bewegung gelernt haben. Deshalb ist ein entscheidender Schritt zum „working smarter" die Bildung einer Allianz zwischen Management und den Beschäftigten, jenen also, die produktiver werden sollen. Das Ziel muß sein, die Verantwortung für Produktivität und Leistung in jeder Wissens- und Servicetätigkeit unabhängig von Rang, Schwierigkeitsgrad oder Kenntnisstand zu verankern. Bei der Wissens- und Servicearbeit ist Partnerschaft der einzige Weg. Die Komponente klügeren Arbeitens besteht in einer zweiteiligen Lektion.

Erstens muß mit dem Produktivitätswachstum ständiges Lernen einhergehen. Durch Umgestalten einer Tätigkeit und anschließendes Einüben in die neue Verfahrensweise allein – wie Taylor es tat und dozierte – läßt sich bei Arbeitern dieses permanente Lernen nicht aufrechterhalten. Denn Üben ist lediglich der Anfang des Lernens. Tatsächlich entsteht der größte Nutzen des Übens, wie uns die Japaner mit ihrer alten Zen-Tradition lehren können, nicht durch das Erlernen von etwas Neuem, sondern durch das Verbessern dessen, was wir bereits gut können.

Ebenso wichtig ist der zweite Punkt. Eine in den letzten Jahren gewonnene Einsicht: Wissens- und Servicearbeiter lernen am meisten, wenn sie andere unterrichten bzw. andere im möglichst breiter Form in die Mitgestaltung der künftigen Stoßrichtungen miteinbeziehen. Dies gilt in besonderem Maße auch für die dezentrale Formulierung der einzelnen Geschäftseinheitsstrategien.

Welche Managementkompetenzen brauchen wir?

Management ist im heute übertragenen Sinn nicht mit Betriebswirtschaftslehre gleichzusetzen. Management heißt letztendlich die Stärken der Menschen wirksam machen. Und gerade deshalb muß sich auch eine wirklich effektive Führungskraft auf einige wesentliche Aufgaben konzentrieren. Als wesentliche Aufgaben sind dabei, neben der Zielformulierung - das Organisieren und Entscheiden, Beurteilen, Messen und Kontrollieren – auch das Fördern von Menschen zu sehen (vgl. Malik F., 1992b).

Berufe sind nicht nur durch ihre Aufgaben definiert, sondern auch durch die Einhaltung bestimmter Grundsätze und die Anwendung typischer Werkzeuge. Grundsätze sind Ideale, die den Weg zeigen und die um so wichtiger sind, je komplexer die Situation ist, in der man sich befindet. Sie geben der Eigendynamik einer Institution eine Richtung.

Daneben stehen den Führungskräften auch noch einige Werkzeuge zur Verfügung. Diese sind die unmittelbaren Instrumente, um Wirkung und Ergebnisse zu erzielen, und sie müssen selbstverständlich der gegebenen Komplexität einer modernen Organisation angepaßt sein und vor allem der Tatsache, daß wir es hier mit dem Kopfarbeiter und nicht in erster Linie mit manueller Arbeit zu tun haben. Oder anders formuliert: die Frage der Wirksamkeit der physischen Arbeit ist einigermaßen gelöst, wenn auch sicher nicht perfekt. Aber die Produktivitätsfortschritte von Landwirtschaft und Industrie sind doch bemerkenswert genug, um hier von echten Fortschritten sprechen zu können. Die Wirksamkeit und Produktivität der geistigen Arbeit ist weitgehend eine offene Frage.

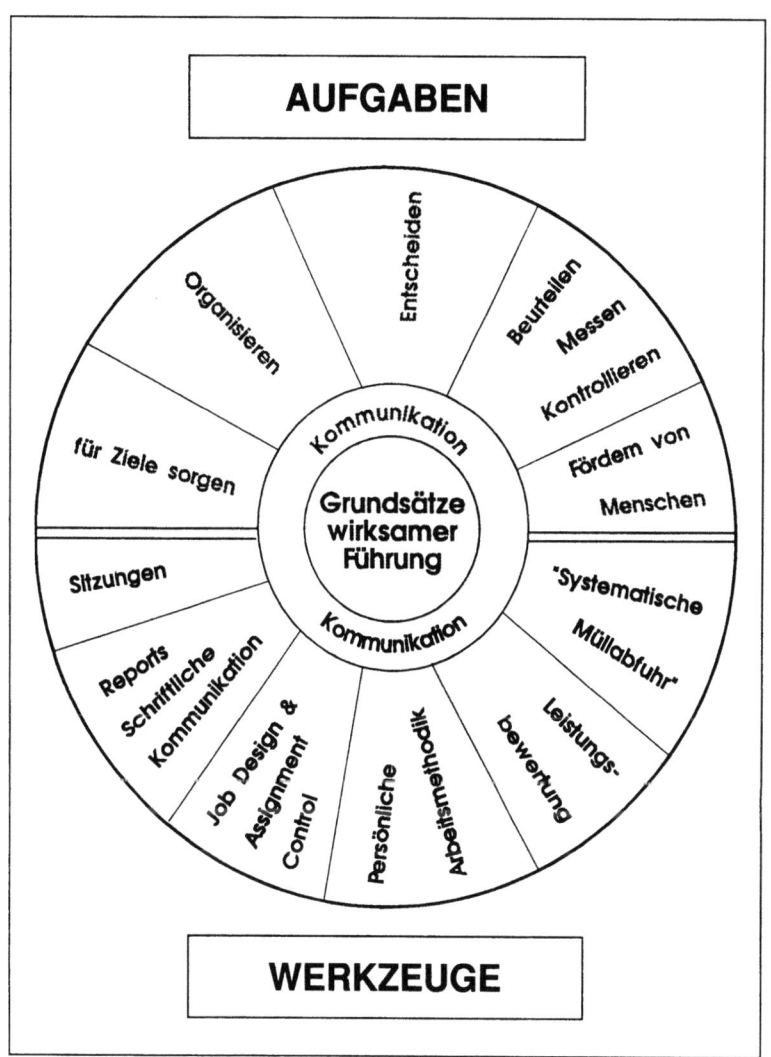

Abb. 40: Aufgaben und Werkzeuge effektiver Führungskräfte (vgl. Malik, 1991)

So banal die folgenden Dinge erscheinen oder klingen mögen, so sind sie doch unverzichtbar in jeder Organisation, und jede Führungskraft muß sie erlernen. Jeder muß durch fortgesetztes Training ihre Handhabung perfektionieren, so wie Musiker eben ständig üben und Sportler ständig trainieren müssen. Die wichtigsten Werkzeuge sind Sitzungen, Reports (alles, was mit schriftlicher Kommunikation zu tun hat), Aufgabengestaltung, Leistungsbewertung, persönliche Arbeitsmethodik und das Instrument der systematischen Erneuerung, des Abstreifens des Gestrigen. Diese Dinge muß der Manager mit derselben Selbstverständlichkeit einzusetzen lernen wie der Pilot die Checklisten zur Vorbereitung seines Fluges und der Alpinist die Sicherungstechnik.

Unseres Erachtens kann eine vernünftige Managementenwicklung nur auf diesen Grundlagen betrieben werden, frei vom Ballast der Irrlehren und mit dem klaren Ziel der Wirksamkeit und Verantwortlichkeit der Führung vor Augen. Nur so können wir zwischen guter und schlechter Managemententwicklung unterscheiden.

Selbstverständlich sind Lehrveranstaltungen und Seminare nicht das einzige Mittel der Managementausbildung. Vielleicht noch wichtiger ist die Ausbildung im Rahmen der täglichen Arbeit, durch das Beispiel von Chefs und Kollegen und durch die Etablierung eines ständigen Antriebs zur qualitativen Verbesserung dessen, was man tut und wie man es tut. Würde in jedem Bereich einer Organisation täglich auch nur eine halbe Stunde darauf verwendet werden, sich zu fragen: „Was hätten wir heute besser machen können, wie müssen wir das nächste Mal an die Aufgaben herangehen, wo sind uns Fehler unterlaufen, die nicht hätten sein müssen, und wie können wir das korrigieren?", so würde sich der Wirkungsgrad in kürzester Zeit dramatisch verbessern. Genau diese Methode scheint übrigens in Japan üblich zu sein, und darin dürfte ein wesentlicher Grund für die japanischen Erfolge liegen.

Die Realität in unseren Organisationen ist eine ganz andere: am Ende eines Tages läuft man auseinander, ohne im geringsten über die Funktionsweise der Institution und des eigenen Handelns nachzudenken. Maschinen und Anlagen werden am Ende einer Schicht gewartet, es werden die erforderlichen kleinen Reparaturen und Korrekturen vorgenommen, und das Werkzeug wird wieder funktionsfähig gemacht. Die Organisation verläßt man einfach – und trifft sie am nächsten Tag im alten Zustand wieder an. Dadurch entstehen Gewohnheiten und schließlich Besitzstände, das Recht auf organisatorische Erosion gewissermaßen. Und nach einiger Zeit stellen sich dann die ganz großen Turn-around-Aufgaben. Sie sind mit entsetzlichen Schwierigkeiten verbunden und führen oft zu dramatischen und sehr risikoreichen Eingriffen in das Organisationsgefüge, die in der Mehrzahl von zweifelhafter Wirkung bleiben.

Ein wesentliches Element jeder Organisation sind und bleiben aber die Führungskräfte. Die gesamte Anpassungsfähigkeit einer Organisation ist weitgehend in seinen Führungskräften begründet, in deren Denk- und Verhaltensweisen, in ihren Gewohnheiten und Überzeugungen. Nur aus dem Verständnis für das wirkliche Funktionieren der Organisation und für die Rolle, die Unternehmungen zu spielen haben, und für den Beitrag, den sie zu erbringen haben, kann eine vernünftige Anwendung von Methoden, von Instrumenten und Techniken resultieren. Nur daraus kann sich letztendlich auch die Legitimität von Management begründen, und nur auf dieser Grundlage scheint eine Unterscheidung zwischen Technokratie und echter Führung möglich zu sein.

Wesentliche Elemente für ein erfolgreiches Management der SGE's

Das Management – also die Führung der SGE's – als auch die organisatorischen, strukturellen Fragen können und dürfen selbstverständlich nicht isoliert betrachtet werden. Sie sind vielmehr nur ein Teil eines ganzheitlich verstandenen Managementansatzes, der schon weiter vorne beschrieben wurde.

Die originäre Aufgabe einer Führungskraft besteht darin, daß sie einerseits für die Entwicklung, Steuerung und Gestaltung einer Organisation verantwortlich ist. Wenn nun strategische Geschäftseinheiten gebildet werden, sind sie wiederum nur ein Teil eines größeren Ganzen. Damit ist gemeint, daß strategische Geschäftseinheiten im wesentlichen auch dazu beitragen, die Komplexität eines Unternehmens entsprechend zu reduzieren, indem flexible kleinere, marktbezogene Einheiten definiert werden. Um einer entsprechenden Verzettelung der Kräfte bzw. der auftretenden Zentrifugalkräfte entgegenzuwirken ist es unabdingbar, daß gewisse strategische Leitplanken von seiten der Unternehmensleitung vorgegeben bzw. mit den einzelnen SGE-Verantwortlichen erarbeitet werden. Erst auf diesem Ansatz aufbauend können und sollten auch die Detailstrategien für die einzelnen strategischen Geschäftseinheiten formuliert werden. Und die direkt Betroffenen sollten möglichst aktiv einbezogen werden.

Nach der Erarbeitung einzelner SGE-Strategien ist in einem weiteren Schritt zu prüfen, wo und in welcher Art und Weise Schnittstellen bzw. auch Synergien zwischen den SGE's zutage treten. Dazu bieten sich unterschiedliche organisatorische Hilfsmittel an. Als ein brauchbares Instrument hat sich in der Praxis das sogenannte Funktionendiagramm erwiesen. Bei der Erarbeitung bzw. Erstellung eines Funktionendiagramms sollten folgende Ablauf- oder Vorgehensschritte befolgt werden:

1. Definition und Auflistung der Aufgaben innerhalb einer strategischen Geschäftseinheit

2. Auflistung der Aufgaben in vertikaler Richtung

3. Auflistung der involvierten Abteilungen, Gruppen bzw. Stellen. Diese Auflistung erfolgt in horizontaler Richtung.

4. Definition und Konsensfindung der Funktionen

5. Festhalten der unterschiedlichen Funktionen in den Schnittstellen zwischen Aufgaben und Stellen bzw. Abteilungen

Zur besseren Dokumentation ist im Anhang G ein entsprechendes Formular für ein Funktionendiagramm bzw. auch mögliche Funktionen (vgl. Anhang G: Formulare Funktionendiagramm).

Damit es zu einer Reduktion möglicher Schnittstellen zwischen den strategischen Geschäftseinheiten kommt, bietet sich auch das Instrument „Interactional Issues" an. Dabei geht es in erster Linie darum, entsprechende Schnittstellenprobleme herauszuarbeiten, Lösungsmöglichkeiten aufzuzeigen und Maßnahmen festzulegen. Auch für dieses Instrument ist dazu im Anhang ein Formular (vgl. Anhang H: Formulare organisatorische Schnittstellen-Analyse).

Des weiteren muß abschließend zwischen den einzelnen strategischen Geschäftseinheiten und der Geschäftsleitung geklärt werden, ob es gegebenenfalls Bereiche oder Aufgaben gibt, die einen Outsourcing- bzw. Outfarming-Prozeß zulassen. Outsourcing bedeutet an dieser Stelle, daß gewisse Aufgaben oder Funktionen nicht mehr selbst wahrgenommen werden, sondern am Markt zugekauft werden. Outfarming bedeutet eine entsprechende Auslagerung der Aktivitäten und eine rechtliche Verselbständigung der einzelnen Aufgaben.

An dieser Stelle können nur gewisse exemplarische Beispiele genannt werden. Sicherlich gibt es eine Vielzahl weiterer Instrumente für eine erfolgreiche Steuerung bzw. für ein erfolgversprechendes Management von strategischen Geschäftseinheiten. Die Autoren beschränken sich aber bewußt auf einige wenige Instrumente, da auch in der Praxis eine Vielzahl von Möglichkeiten nur zur Verwirrung beiträgt. Die einzelnen dargestellten Instrumente und Methoden erheben also nicht den Anspruch auf Vollständigkeit. Es sollen an dieser Stelle nur einige Hinweise auf weitere mögliche Fragestellungen gegeben werden.

6. Schlußbemerkungen

Durch das Management von strategischen Geschäftseinheiten sollten vorhandene Kompetenzen zielgerichtet gebündelt werden, damit das Unternehmen im Wettbewerb erfolgreich besteht bzw. sich möglichst flexibel weiterentwickelt. Damit diese Voraussetzungen auch tatsächlich geschaffen werden, ist eine entsprechende Organisationskompetenz erforderlich. Denn Einfachkeit und nicht Komplexität heißt der Schlüssel zum Erfolg. Die künftige Herausforderung wird in noch stärkerem Maße darin liegen, Unternehmen trotz aller Komplexität einfach zu halten, um sie effizient und effektiv führen zu können. Dies verlangt auch von den verantwortlichen Führungskräften eine Balance zwischen zentraler Steuerung und dezentraler Führung. Die zentrale Steuerung einer Unternehmung zählt sicherlich zu den wesentlichsten Führungsprinzipien. Der Vorstand oder der Geschäftsführer einer Kapitalgesellschaft wird genauso wie jeder Unternehmer danach beurteilt, welche Resultate er erwirtschaftet und in welchem Ausmaß er den Unternehmenswert steigern konnte. Die zentrale Führung eines Unternehmens muß aber auch Sorge dafür tragen, daß die Verantwortlichen der dezentralen Geschäftseinheiten mit den nötigen unternehmerischen Freiräumen ausgestattet sind und diese auch entsprechend in Anspruch nehmen. In den nächsten Jahren haben wir es darüber hinaus noch zusätzlich mit einem gewissen Paradigmawechsel bei Organisationen zu tun. In den traditionellen Organisationen sind viele, die sich als Führungskräfte bezeichnen, keine wirklichen Manager. Sie führen oft über Befehle nach unten und Informationen nach oben. Heute und in viel stärkerem Ausmaß in Zukunft haben wir es mit informationsbestimmten bzw. wissensorientierten Organisationen zu tun (vgl. Drucker, 1993). Nicht das Militär dient als Modell für eine Organisation der Zukunft, sondern vielmehr ein Sinfonieorchester, in dem die Musiker direkt und ohne Umweg für den Dirigenten spielen.

In den traditionellen Organisationen konnte man davon ausgehen, daß der Vorgesetzte wußte, womit sich die Mitarbeiter beschäftigen, denn der Vorgesetzte hatte vor kurzem noch selbst diese Arbeit getan. In den künftigen dezentralen Organisationen geht es zuerst einmal darum, daß die Unternehmensleitung gemeinsam mit den Verantwortlichen der dezentralen Einheiten Ziele formuliert. So sind beide Seiten im gleichen Ausmaß informiert, welchen Beitrag sie zu leisten haben. So müssen sie selbständig und eigenverantwortlich in der Lage sein, innerhalb der gemeinsam abgesteckten Grenzen selbstverantwortlich, schnell und wirksam zu handeln. Dezentrale Führung bedeutet also konsequenterweise auch eine entsprechende Abstimmung mit der Geschäftsleitung bzw. dem Vorstand.

- Die Unternehmensleitung stellt in erster Linie den Leitern der strategischen Geschäftseinheiten die Ressourcen und Mittel zur Verfügung, die sie für eine erfolgreiche Umsetzung der vereinbarten Strategien und Maßnahmen benötigen. Darüber hinaus wird für den Ausbau und Erhalt der Erfolgspotentiale bzw. Wettbewerbsvorteile durch flankierende Aktivitäten größtmögliche Unterstützung angeboten.

- Die verantwortlichen Führungskräfte der strategischen Geschäftseinheiten erarbeiten die Strategien für die einzelnen Produkt-Markt-Kombinationen und stimmen diese mit der Unternehmensleitung auf Basis der Gesamtunternehmensstrategie ab. In diesen Segmentstrategien müssen auch die entsprechenden Anforderungen an die Funktionsbereiche bzw. Absatz- und Vertriebswege zum Ausdruck kommen

Dieser Abstimmungsprozeß verlangt natürlich eine entsprechende Identifikation der betroffenen Führungskräfte. Die Involvierung der Manager und Mitarbeiter in die Gestaltung der Realität, für die sie sich verantwortlich zeigen, gewinnt zunehmend Bedeutung bei der Schaffung eines entsprechenden unternehmerischen Denkens und Handelns. Unternehmerisches Denken und Handeln wird gefördert durch

- eine möglichst frühzeitige Einbindung und Information der betroffenen Führungskräfte und Mitarbeiter
- eine weitgehende Einschränkung von zentralen Diensten und Stäben
- ein auf Prozesse – weniger auf Funktionen – ausgerichtetes Denken
- eine drastische Eindämmung der Papierflut bzw. Regularien sowie des Sitzungsunwesens
- eine verstärkte Betonung und Forcierung der Ressource Mensch

Diese Zielsetzungen werden u. E. schneller und erfolgsversprechender durch die Ausrichtung auf überschaubare, flexible Einheiten – sprich strategische Geschäftseinheiten – erreicht und auch umgesetzt.

Dieses Buch soll Ihnen dabei helfen, Gedanken und Anregungen aufzugreifen und auch das eigene unternehmerische Umfeld kritisch zu hinterfragen. Dabei geht es nicht darum, Patentrezepte zu liefern, weil auf die Individualität jeder Organisation Rücksicht zu nehmen ist. Wir wollen vielmehr Möglichkeiten und Wege aufzeigen, die eine möglichst hohe Flexibilisierung und deutliche Erhöhung der unternehmerischen Schlagkraft zum Ziel haben.

Anhang

Anhang A
Analysefragebogen zur Entwicklung eines Unternehmensleitbildes (aus: Mühlbacher, o.D.)

Die Analyse bezieht sich auf:

- die Unternehmung/die Produktgruppe/ .... den Leistungsbereich ....
- die Region ....
- die Abnehmerbranche(n) ....

I. Was bieten wir an?

1. Wo sind wir Marktführer? (Was können wir wirklich gut? Besser als die anderen?)
2. Welches Profil hat das Produkt/die Leistung, bei der wir Marktführerschaft/ eine bedeutende Marktstellung erreichen konnten? (technisch/qualitativ/Design/Image)
3. Welche Einsatzgebiete gibt es dafür? Wofür ist das Produkt/die Leistung, bei der wir eine bedeutende Marktstellung erreichen konnten, geeignet bzw. nicht geeignet?
4. Was haben wir auch/bieten wir auch an, ohne eine entsprechende Marktbedeutung zu erreichen (wo sind wir gleich gut oder gleich schlecht wie die Konkurrenz)?
5. Was können wir eigentlich nicht so gut wie die Konkurrenz, und haben es trotzdem in unserem Leistungsprogramm?

II. Warum existiert diese Unternehmung?

1. Warum gibt es uns?
2. Was ist unser Auftrag/unsere „Mission" am Markt?

III. Was ist unser Geschäft?
1. Welche Abnehmer kommen für unser Produkt/unsere Leistung generell in Frage? Wie kann man diese beschreiben?
2. Welche Probleme haben die Abnehmer, die unsere Produkte/Leistungen kaufen, und damit lösen wollten?
3. Welche Anforderungen stellen unsere Abnehmer technisch, wirtschaftlich, service- und beratungsmäßig an unsere Produkte/Leistungen?

IV. Warum sollen die Kunden gerade zu uns kommen und nicht zu unseren Wettbewerbern?
1. Wer sind unsere Hauptkonkurrenten und welche Produkte bieten sie an?
2. Welche Hauptargumente setzen unsere Haupkonkurrenten ein?
   1. Argument:
   2. Argument:
   3. Argument:
3. Mit welchen Argumenten agieren wir hauptsächlich am Markt?
   1. Argument:
   2. Argument
   3. Argument:
4. Was ist eigentlich unser einzigartiges Verkaufsversprechen, das uns von der Konkurrenz abhebt?
5. Wie sollten wir lieber nicht argumentieren?

V. Wer sind wir, und wie haben wir uns entwickelt?
1. Welche Stellung haben wir heute am Markt erreicht?
2. Was sind unsere Renner (Top-Ten) und was sind unsere Ladenhüter („Horrorliste")?

3. Wie haben wir unsere derzeitige Marktstellung erlangt?
4. Wo waren wir in den letzten Jahren besonders erfolgreich und warum?
5. Wo ist es nicht so gut gelaufen/haben wir in den letzten Jahren Mißerfolge gehabt und warum?

VI. Wer wollen wir am Markt sein?
1. Wer/was wollen wir am Markt sein?
2. Mit welcher Marktstellung bzw. Marktbedeutung könnten wir auch noch leben?
3. Was wollen wir am Markt keinesfalls sein?
4. Wie und wie weit stimmt unsere derzeitige Situation mit unseren Zielvorstellungen überein?
5. Gibt es Abweichungen und wenn ja warum?

VII. Nach welchen „Spielregeln" wollen wir uns verhalten?
1. Wie gehen wir gegenwärtig mit unseren Mitarbeitern, unseren Kunden, unseren anderen externen Partnern (z. B. Lieferanten, Geldgebern, Konkurrenten, Medien, Anrainern) um?
2. Welche Bedeutung hat für uns/den Erfolg unserer Unternehmung das Wohlwollen unserer externen Partner?
3. Wie wichtig sind die Mitarbeiter für unseren Erfolg?
4. Welche „ungeschriebenen Gesetze" gibt es in unserer Unternehmung?

Anhang B

Leitbild

Beispiel eines Leitbildes für die Betreiber einer Gruppe städtischer Bäder (Quelle: Krismer, 1988, S 40 ff.):

Unternehmenszweck
(Warum existiert diese Unternehmung?)

„Das Entwickeln und Anbieten zeitgemäßer Produkte und Dienstleistungen im Freizeitbereich unter besonderer Berücksichtigung von Entspannung, Gesundheit, Sport und Spaß für die regionale Gesamtbevölkerung und Gästen aus dem In- und Ausland in:

- den drei städtischen Hallenbädern
- den fünf städtischen Saunen
- im städtischen Freibad
- und in der städtischen Freizeitanlage

wobei die dadurch entstehende finanzielle Belastung des Gesamtunternehmens möglichst gering sein soll.

Generelle Ziele und Prioritäten
(Worauf kommt es uns bei der Erfüllung des Zwecks der Organisation besonders an?)

1. Wir wollen mit unseren Produkten und Dienstleistungen den Bedürfnissen und Wünschen unserer potentiellen und tatsächlichen Kunden möglichst gut entsprechen.
2. Erhöhung der Rentabilität
3. Schaffung eines Arbeitsklimas, das den Mitarbeitern selbständiges und eigenverantwortliches Arbeiten ermöglicht und dies fördert, leistungsorientiert wirkt und auf die persönlichen Bedürfnisse der Mitarbeiter Rücksicht nimmt.

4. Gebäude und Ausstattung sollen dem letzten Stand hinsichtlich Sicherheit, Hygiene und Technik entsprechen, unter Berücksichtigung der Wünsche und Bedürfnisse unserer Austauschpartner und der Wirtschaftlichkeit (finanzielle Belastung des Gesamtunternehmens).
5. Die Organisationsstruktur und die Organisationsabläufe sollen das Zusammenspiel mit dem Gesamtunternehmen und „externen Einflußübenden" sicherstellen und die eigenbetrieblichen Erfordernisse, unter Effizienzgesichtspunkten berücksichtigen.
6. Die Auswirkungen gesetzlicher und betrieblicher Regelungen, soweit sie unseren Unternehmenszweck betreffen, zu hinterfragen und gegebenenfalls zu kommunizieren.

Tätigkeitsbereich
(Was ist unsere Tätigkeit?)

Wir wollen besonders die Gruppe der *„Singles, Paare ohne Kinder und Berufstätige"* ansprechen und ihnen ein Bad für zeitgemäße Freizeitansprüche anbieten. Die Ausstattung des Bades und das Verhalten des Personals sollen auf die Wünsche der Zielgruppen abgestimmt sein.

Familien, eine Kundengruppe, die auch erhöhte Aufmerksamkeit genießt, sollen durch kinderfreundliche und kindergerechte Bäderausstattung angesprochen werden.

Für *Ruheständler* stehen grundsätzlich alle Bäderleistungen zur Verfügung, doch erhält diese Zielgruppe nicht die Priorität der oben genannten Gruppen in unserer Kundenbehandlung.

Schülern, Vereinen und Kleingruppen (z. B. Babyschwimmen, Behindertenschwimmen ...) wird die Möglichkeit für adäquate Benutzung der Bäder eingeräumt, doch sollte versucht werden, diese Gruppen in frequenzärmeren Zeiten unterzubringen.

Verhaltensgrundsätze
(Nach welchen Spielregeln wollen wir miteinander und mit unseren externen Austauschpartnern umgehen?)

Wir wollen unsere Kunden differenziert ansprechen und auf Ihre Probleme und Bedürfnisse eingehen.

Wir wollen unseren Mitarbeitern selbständiges und eigenverantwortliches Arbeiten ermöglichen und dies fördern.

Über Personalvertretungen sollen die Mitarbeiter in die Entscheidungen miteingebunden werden.

Wir möchten mehr Entscheidungsfreiräume für die Betreiber der Bäder gegen über den Eignern und Behörden (Überwachungsorgane) schaffen.

Wir möchten mit der Konkurrenz Erfahrungsaustausch betreiben und gemeinsame Interessen gegenüber den Behörden durchsetzen.

Mit Pächtern und Lieferanten soll eine kooperative Zusammenarbeit zur gegenseitigen Nutzensteigerung entstehen.

Mit Medien soll ein ständiger aktiver Kontakt bestehen, um die Pflege des Images der Bäder in der breiten Öffentlichkeit zu gewährleisten.

Anhang C

Konkurrenzanalyse

Beispiel zu Ausprägungen von Wettbewerbsfaktoren (entnommen aus: Ritter/Dreher, 1992): Skala von 1 bis 5 (1 = sehr schwach, 5 = sehr stark)

Ausmaß an eigenen Technologien/Produkten

5 ... Marktführer unter wenigen Anbietern von am Markt gefragten Technologien/Verfahren/Produkten

4 ... Marktführer unter vielen Anbietern von am Markt gefragten Technologien/Verfahren/Produkten

3 ... Einer von wenigen Anbietern von am Markt befragten Technologien/Verfahren/Produkten

2 ... Einer von vielen Anbietern von am Markt gefragten Technologien/Verfahren/Produkten

1 ... Keine eigenen am Markt gefragten Technologien/Verfahren Produkten

Ausmaß an internationaler Fachpräsenz

5 ... eigene Fachfirmen (Töchter) in den meisten attraktiven Märkten

4 ... eigene Fachfirmen (Töchter) in wenigen attraktiven Märkten

3 ... fachkompetente Vertreter in den meisten attraktiven Märkten

2 ... lokale Vertretungen, teilweise fachkompetent

1 ... nur Stammhaus

Mitarbeiterqualität

5 ... hoher Anteil von Mitarbeitern mit hoher Fachkompetenz, hoher Betriebserfahrung und hohem Engagement

4 ... hoher Anteil von Mitarbeitern mit hoher Fachkompetenz, etwas Betriebserfahrung und hohem Engagement

3 ... durchschnittlich fachkompetente und engagierte Mitarbeiter

2 ... Mitarbeiter mit Fachkompetenz ohne Engagement

Eigene F & E in marktrelevanten Bereichen

5 ... F & E in eigener Versuchsanlage

4 ... Laboranlagen

3 ... Kooperation mit externen Forschungsinstituten

2 ... nur Technologiepflege

1 ... keine F & E

Darstellung des eigenen Fachwissens

5 ... Einladungen zur Mitorganisation von oder zur Teilnahme an Internationalen Fachveranstaltungen

4 ... Abhaltung von eigenen Workshops/Symposien

3 ... permanente Präsenz durch Halten von Vorträgen bzw. Publikationen

2 ... fallweise Präsenz durch Halten von Vorträgen bzw. Publikationen

1 ... keine Präsenz

Qualitätssicherung

5 ... zertifiziert

4 ... Zertifizierung in Arbeit

3 ... nicht zertifiziert, aber darstellbar und angewendet

2 ... Qualtitätssicherungssystem im Aufbau

1 ... nicht vorhanden

Kosteneffizienz

Bewertung der folgenden Kriterien von 1–5

- Standardisierbarkeit der Leistungen
- Internes EDV-Informations- und Leistungerstellungssystem
- Beschaffungskosten
- Overheads

Anhang D

Formulare Analysephase:
- Umfeldanalyse
- Konkurrenzanalyse
- Unternehmensanalyse

		Umfeldanalyse	Form.

1. Feststellbare Trends/Situationen:

2. Auswirkungen auf die Unternehmung:

3. Mögliche Maßnahmen:

Sofortmaßnahmen:

	Konkurrenzanalyse	Form.

Zeit \ Branche	Aus der eigenen Branche	Aus externen Branchen
heute		
künftig		

	Unternehmensanalyse	Form.

1. **Feststellbare Trends/Situationen:**

2. **Auswirkungen auf die Unternehmung**

3. **Mögliche Maßnahmen:**

Sofortmaßnahmen:

Anhang E

Formulare Gestaltungsphase:
- Geschäftseinheit-Optionen

	Optionserarbeitung	Form.

Geschäftseinheitsbezogene Hauptherausforderungen:

Rahmenbedingungen:

Ausgewählte Optionen:

	Optionserarbeitung	Form.

1. Auf welchen Stärken baut die ausgewählte Option auf?

2. Welche Chancen im Markt nutzt die Option?

3. Fördert die Option den Ausbau der Marktstellung der Unternehmung?

4. Ist die Option ein Beitrag zur gemeinsamen strategischen Ausrichtung der Unternehmung?

Anhang F

Formulare Gestaltungsphase:
- Geschäftseinheit-Grundstrategien

Geschäftsfeld-Grundstrategie

SGF: _____

	Grundstrategie	Blatt 1
SGE:		

1. Grundstrategie

1.1 <u>Vorgeschlagene strategische Stoßrichtungen</u>

1.2 <u>Auf welchen Stärken baut die strategische Stoßrichtung auf bzw. welche Wettbewerbsvorteile sollen genutzt werden?</u>

1.3 <u>Welche wesentlichen Kundenbedürfnisse/Kundenprobleme werden gelöst?</u>

	Ziel-Positionierung	Blatt 2
SGE:		

2. Ziel-Positionierung

2.1 Marktstellungsziele

	Ist 19..	Ist 19..	Budget 19..	Ziel 19..	Ziel 19..
- Kundenanzahl					
- Marktanteil					
- Deckungsbeitrag					
-					
-					
-					

2.2 Zielgruppen/Abgrenzung

- Welche Zielgruppen sollen innerhalb des SGE schwerpunktmäßig angesprochen und wie abgegrenzt werden?

Zielgruppen	Abgrenzungskriterien

	Ziel-Positionierung	Blatt 3
SGE:		

2.3 **Produkt- und Dienstleistungspolitik**

- Welche wesentlichen Produkte bzw. zusätzlichen Dienstleistungen werden für die definierten Zielgruppen schwerpunktmässig angeboten?

Produkte/Dienstleistungen	Aktivitäten/Einsatzprinzipien, Koordinationserfordernisse

2.4 **Preis- bzw. Konditionenpolitik**

- Von welchen Preis- und Konditionenvorstellungen ist bei den einzelnen Produkten/Dienstleistungen auszugehen?

Produkte/Dienstleistungen	Preis- bzw. Konditionsgrenzen

	Ziel-Positionierung	Blatt 4
SGE:		

2.5 Kommunikationspolitik

Entscheidende Instrumente: Werbung, Verkaufsförderung, persönlicher Verkauf, PR, usw.

Kommunikations-Instrumente	Aktivitäten/Einsatzprinzipien, Koordinationserfordernisse

2.6 Vertriebswege/Absatzkanäle

Entscheidende Fragen: - Welche Vertriebswege setzen wir ein?
- Kraft welcher Regelungen und Aktivitäten erlangen diese ihre höchste Wirksamkeit?

Einzusetzende Vertriebswege	Einsatzprinzipien/Koordinationserfordernisse

	Funktionale Konsequenzen	Blatt 5
	SGE:	

2.7 Funktionsorientierte Strategievoraussetzungen/-konsequenzen

Produktentwicklung/F & E

Leistungsbereiche (Produktion)

Marketing

Organisation/EDV/Administration

Personal/Führung

	Realisierungsmaßnahmen	Blatt 6
	SGE:	

3. Realisierungsmaßnahmen (Wer, was, bis wann?)

Nr.	Realisierungsmaßnahmen	Verant-wortlichkeit	Realisierungs-termin

Anhang G

Formulare Funktionendiagramm

	Funktionendiagramm	Nr.
	SGE:	

Grundraster eines Funktionendiagramms

SGE:

Aufgabenbereich/Aufgaben:

Stellen

Verfeinerungen der Funktion

Die einzelnen Funktionen bei der Erledigung einer Aufgabe

Abkürzung	Funktion	ausgedrückt, z.B. durch
B	Benachrichtigung, wird benachrichtigt	
I	Initiativfunktion	- er muss die Initiative ergreifen - er regt an
P	Planungsfunktion	- er plant - er bereitet zur Entscheidung vor - er analysiert - er koordiniert die Planung - er fasst die Teilpläne zusammen
[P]	Planungsfunktion federführend	- er erarbeitet entscheidungsreife Unterlagen - er ist für das Planungssystem verantwortlich
E	Entscheidungsfunktion	- er entscheidet über - er genehmigt oder lehnt ab - er entscheidet über Richtlinien, Anweisungen, Reglemente - er entscheidet im Rahmen bestehender Richtlinien, Anweisungen, Reglemente - er entscheidet in wichtigen Fällen, die entweder quantitativ od. qualitativ umschrieben sind - zwei oder mehrere Personen entscheiden nach gemeinsamer Einigung - er entscheidet im Rahmen zuvor festgelegter Bandbreiten
Eg	Entscheidung in Grundsatzfragen	- er wählt zwischen zwei oder mehreren Alternativen
En	Entscheidung im Formalfall	
Ew	Entscheidung in wichtigen Einzelfällen	
Em	Mitentscheidungsrecht	
Eb	Entscheidung innerhalb Bandbreite	
M	Mitspracherecht	- er hat ein Mitspracherecht - er muss vorgängig angehört werden	- Mitarbeit
O	Anordnungsfunktion ("Befehlsgewalt")	- er ordnet an - er veranlasst	- er setzt durch
A	Ausführungsfunktion (Sachbearbeitung)	- er vertritt nach aussen - er verfasst	- er erledigt
Aw	Ausführung in wichtigen Einzelfällen	- er übernimmt die Ausführung in besonders wichtigen Fällen	
[A]	Ausführungsfunktion federführend	- er koordiniert die Ausführung	
K	Kontrollfunktion	- er kontrolliert intensiv - er überwacht speziell	- er beaufsichtigt

Funktionendiagramm

Aufgabenbereich/Aufgabe	Geschäftsführer	Bereich Marketing	VK Fern-reisen	VK Abenteuer	VK Reisebüro	Werbe-abteilung	Bereich Einkauf	EK Land-arrang.	EK Air-lines	Bereich Operat./Abw.	Backoffice	Reiseleiter	Bereich Verwalt.	EDV + Buchhalt.	Personal RW
1. Jahres-/Saisonplanung															
1.1 Produkte/Destinationen/Termine	P	I,P	P	P			I,P	M	M	P			I,P		
1.2 Budgets/allg. Finanzplanung	P	P					P			P					
1.3 Planungsbeschluss	E	Em					Em			Em			Em		
2. Einkauf Reisen															
2.1 Fernreisen		B	B				Ew	En,A							
2.2 Abenteuerreisen	Eg	E	A	B	M		Ew	En,A							
3. Kalkulation/Preisgestaltung	Eg	Em	M	M	M	I,P,A	M			M	A		M		
4. Katalog-/Prospektgestaltung/Versand					I,A										
5. Verkauf/Buchung/Abwicklung															
5.1 Reisebüros	K	E,K	I,A	I,A	I,A						A	A		A	
5.2 Akquisition Gruppen	K	E,K	I,A	I,A	I						A	A		A	
5.3 Telefon-/Katalogverkauf	K	E,K	I,A	I,A	I						A	A		A	
5.4 Verkaufsförderung/Werbung	Eg	I,P,En	I	I	B,Em	A									
6. Rechnungserstellung/Mahnwesen	E	Ew	B,Em	B,Em	B,Em							A	Eg		A,I
7. Personal															
7.1 Einsatz Reiseleiter	K	P,K	B	B	B					E,P	A	A			Em,A
7.2 Bedarf neue Mitarbeiter	Eg	I,B					I,B			I,B			I,B,Ew		P,A,En
8. Betriebliche Infrastruktur															
8.1 Räume/Mobiliar/Material	E	I,P					I,P			I,P					
8.2 Spesenregelung	Eg	En					En			En					A

Anhang H

Formulare Organisatorische
Schnittstellen-Analyse

| | Übersicht Schnittstellen | Form. |
| | | Datum: |

Qualifizierung Schnittstellen:

B = Bilateral zwischen Organisationseinheiten lösbar

S = Spielregel in der Gesamtorganisation notwendig

G = Muß durch Geschäftsleitung grundsätzlich (ad-hoc oder Systemänderung) entschieden werden

		Schnittstelle	Form.
			Datum:

von ↗ mit	
	1. **Problemfelder**
	2. **Lösungsmöglichkeiten**
	3. **Mögliche Synergieeffekte**

Literaturverzeichnis

Abell, D.F.; Hammond, S., (1979), Strategic Market Planning, New Jersey

Ansoff, H.I., (1965), Corporate Strategy, New York

Ansoff, H.I., (1977), The State of Practice in Planning Systems, in: Sloan Management Review, Winter

Becker, J., (1983), Grundlagen der Marketing-Konzeption, München

Bernet, B., (1982), Das Unternehmensleitbild als Führungsinstrument, in: Management-Zeitschrift io, Jahrgang Nr. 51, Nr. 3

Brauchlin, E., (1984), Schaffen auch Sie ein Leitbild, in: Management-Zeitschrift io, Jahrgang Nr. 53, Nr. 7/8

Buzzell, R.D.; Gale, B. G., (1989), Das PIMS-Programm, Wiesbaden

Chandler, A.D.; (1962), Strategy and Structure: Chapter in the History of the American Industrial Enterprise, Cambridge (Mass.)

Doyle, P., (1992), What are the Excellent Companies, in: Journal of Marketing Management, Nr. 8, S. 101–116

Dreher, A.; Ritter, A.; Mühlbacher, H., (1992), Systemic Positioning: A New Approach and its Application, in: Marketing for Europe – Marketing for the Future, Proceedings of the 21st Annual Conference of the European Academy, ed.: Grunert; Fuglede; Aarhus, S. 313–329.

Drexel, G., (1987), Organisatorische Verankerung strategischer Geschäftsfelder, Die Unternehmung, 41. Jahrgang, Nr. 2

Drucker, P.F., (1993), Die postkapitalistische Gesellschaft, Düsseldorf

Drucker, P.F., (1985), Innovationsmanagement für Wirtschaft und Politik, Düsseldorf

Drucker, P.F., (1988), Leadership: more doing than dash, in: The Wall Street Journal, 6. 1. 1988

Drucker, P.F., (1992), Managing for the Future, Oxford

Drucker, P.F., (1990), Managing the Non-Profit Organization, New York

Drucker, P.F., (1974), Neue Management-Praxis, Düsseldorf
Drucker, P.F., (1967), The Effective Executive, Oxford
Gabele, E.; Kretschmer, H., (1986), Unternehmensgrundsätze, Zürich
Gälweiler, A., (1987), Strategische Unternehmensführung, Frankfurt/New York
Henderson, B.D.; (1974), Die Erfahrungskurve in der Unternehmensstrategie, 4. Auflage, Frankfurt/New York
Hillebrand, W.; Linden, A., (1990), Vom Diener zum Herrn, in: Manager Magazin 10
Hinterhuber, H.H., (1980), Strategische Unternehmensführung, 2. Aufl., Berlin/New York
Hinterhuber, H.H., (1989a), Strategische Unternehmungsführung – Strategisches Denken, Band I, 4. Aufl., Berlin/New York
Hinterhuber, H.H., (1989b), Strategische Unternehmungsführung – Strategisches Handeln, Band II, 4. Auflage, Berlin/New York
Kotler, Ph., (1991), Marketing Management: Analysis, Planning, Implementation and Control, 7. Aufl., New Jersey
Krismer, M., (1988), Zielgruppenspezifisches Bäder-Marketing, unveröffentlichte Diplomarbeit, Innsbruck
Labich, K., (1992), Europe's Sky Wars, in: fortune, Nov. 2., S. 88–91
Lovelock, C.H.; Weinberg, C.B., (1984), Marketing for Public and Nonprofit Managers, New York/Chichester/Brisbane/Toronto/Singapore
Luchs, B.; Neubauer, F.F., (1987)), Qualitätsmanagement, Frankfurt
Malik, F., (1991), Aufgaben und Werkzeuge effektiver Führungskräfte, unveröffentlicht, St. Gallen
Malik, F., (1987), Die Effektivität von Führungskräften: Auf welche Führungsgrundsätze es wirklich ankommt, in: Schweizer Ingenieur und Architektur, Heft Nr. 6
Malik, F., (1993), Kompetenz zur Führung, in: Kompetenz zur Führung, Schuppert, D. (Hrsg.), Wiesbaden
Malik, F., (1992a), Managementleistung: Schlüssel zu Wettbewerbsfähigkeit und Produktivität, Artikel, St. Gallen
Malik, F., (1992b), Management-Wissen, die vernachlässigte Schlüsselressource, St. Galler Management-Letter, Gablers Magazin, 8

Marchetti, C., (1982), Die magische Entwicklungskurve, in: Bild der Wissenschaft, 10

McCarrol, Th., (1992), How IBM was left behind, in: Time, Nr. 28, S. 26–28

Mühlbacher, H.; Botschen, G., (1990), Benefitsegmentierung in Dienstleistungsmärkten, in: Marketing – Zeitschrift für Forschung und Praxis, Nr. 3, S. 159–168

Mühlbacher, H.; Dahringer, L.D., (1991), International Marketing, New York

Mühlbacher, H., (o.D.), Analysefragebogen zur Entwicklung eines Unternehmensleitbildes, unveröffentlichtes Befragungsinstrument am Institut für Handel, Absatz und Marketing, Universität Innsbruck

Neubauer, F.-F., (1989), Portfolio-Management, 3. Aufl., Neuwied

o.V., (1993), The Engine of Europe, in: The Economist, March 6 – 12, S. 13–14

Peters, T., (1993), Jenseits der Hierarchien, Düsseldorf

Porter, M.E., (1980), Competitive Strategy; Techniques for Analyzing Industries and Competitors, New York

Ritter A.; Dreher A., (1992), Marktstudie im industriellen Anlagenbau, unveröffentliche Studie, Innsbruck

Springer, C.H., (1973), Strategic Management in General Electric, in: Operations Research, Nov. – Dez., 1973, S. 1177–1182

Ulrich H., (1990), Unternehmungspolitik, 3. Aufl., Bern

Wilson, D., (1986), Segmentation and Communication in the Industrial Marketplace, in: Journal of Business Research, Nr. 14, S. 487–500.

Woodside, Arch G., (1992), Emerging Strategies for Industrial Purchasing, in: Advances in Business Marketing and Purchasing, (Hrsg. Arch G. Woodside), Volume 5, S. 1–19

Abbildungsverzeichnis

		Seite
1a:	Navigationsschema nach Gälweiler	10
1b:	Strategischer Planungsprozeß	13
2:	Dimensionen des Leitbildes	15
3:	Unterschiedliche Vorgehensweisen zur Erarbeitung des Leitbildes	17
4:	Ablaufdiagramm des Leitbildes	18
5:	Abell/Hammond-Schema	30
6:	Modifiziertes 3-D-Schema	31
7:	Stufen eines idealtypischen Prozesses zur Bildung von SGE's	32
8:	Ablauf des SGE-Bildungsprozesses	33
9:	Identifizierte Nutzenerwartung von Kunden im Anlagenbau	37
10:	Merkmale zur Bildung und Beschreibung von Kundensegmenten	38
11:	Verknüpfung von Kundenerwartungen und -merkmalen	39
12:	Bestimmung der Größe der Segmente	41
13:	Beschreibung des Segementes „Studie/Beratung"	42
14:	Beschreibung des Segementes „Basic Engineering"	42
15:	Bewertung von Segmenten	44
16:	Raster zur Konkurrenzanalyse	45
17:	Mögliche Kriterien zur Bestimmung der Wettbewerbsposition	46
18a:	Bestimmung der Wettbewerbsposition im Segment 3	47
18b:	Bestimmung der Wettbewerbsposition im Segment 17	48
19:	Segmentportfolio	49
20a:	Erfüllungsgrad von Nutzenerwartungen im Segment 3	50

20b:	Erfüllungsgrad von Nutzenerwartungen im Segment 17	51
21a:	Bildung eine Produkt-Markt-Kombination für Segmente 1 „Studie und Beratung in Ländern 1"	53
21b:	– für Segment 2 „Studie und Beratung in Ländern 2"	54
21c:	– für Segment 3 „Studie und Beratung in Ländern 3"	55
21d:	– für Segment 17 „Turn-Key in Ländern 3"	56
22:	Gebildete strategische Geschäftseinheiten	58
23:	Idealtypischer Ablauf bei der Erarbeitung strategischer Pläne	61
24:	4-Phasen-Modell für die Strategieerarbeitung	62
25:	Das Unternehmens-Umfeld	63
26:	Die Unternehmensbereiche	64
27:	„Raster" für die Festlegung prioritärer Segmentstrategien	68
28:	Start-Maßnahmen	69
29:	Strategie und Struktur	70
30:	Ganzheitlicher Managementansatz	72
31:	Die Element des organisatorischen Spannungsfeldes	74
32:	Die Planungshierarchie	75
33:	Neun idealtypische Formen der organisatorischen Verankerung von strategischen Geschäftseinheiten	77
34a:	Variante 1: SGE-Ausschuß	78
34b:	Variante 2: SGE-Gesamtprojektleitung	79
34c:	Variante 3: Projektleitung pro SGE	80
34d:	Variante 4: SGE's als Linienabteilungen	81
34e:	Variante 5: Ausgliederung einzelner SGE's als Linienbereiche	82
34f:	Variante 6: „Versteckte Matrix"	83
34g:	Variante 7: Matrixorganisation (SGE's als 2. Dimension)	84
34h:	Variante 8: Matrixorganisation (SGE's als 1. Dimension)	85
34i:	Variante 9: Reine SGE-Struktur	86
35:	Entwicklungsprozeß von der bestehenden Organisation zur Idealorganisation	88
36:	Grundsystematik des strategischen Planungsablaufs	90

37: Strategische Checkfragen 92
38: Von der Zentralisation zur Dezentralisation 97
39: Grundsätze effektiver Führungskräfte 101
40: Aufgaben und Werkzeuge effektiver Führungskräfte ... 111

Stichwortverzeichnis

A
Abell/Hammond-Schema 30
Analysefragebogen 123

B
betriebswirtschaftlicher Erfolg 10

C
customer driven 89

D
dezentrale Führung 118
Dezentralisation 96
Diversifikation 25

E
Effektivität 101
Effizienz 101
Fachwissen 132

F
F & E 132
Formulare Gestaltungsphase 143
Formulare organisatorische
 Schnittstellen-Analyse 155
formulares Funktionen-
 diagramm 151
Führungskräfte, Aufgaben und
 Werkzeuge 111
Führungskräfte, Beruf 98
Führungskräfte, Grund-
 sätze 101
Funktionendiagramm 114, 151

G
ganzheitlicher Management-
 ansatz 72
Geschäftseinheiten, strategische
 Bildung 29
Grundstrategie 145

H
Homogenität 40

I
Interactuell Issues 114

K
Kann-Kriterien 37
Kernstrategie 25 f.
K.O.-Kriterien 37
Komplexitätsreduktion 96
Konkurrenten 44
Konkurrenzanalyse 131, 137
Konkurrenzanalyse, Raster 45
Konzentration 108
Kosteneffizenz 133
Kundenerwartungen 35
Kundenerwartungen und
 -merkmale, Verknüpfung 39
Kundensegmente, Merkmale 38

L
Leadgruppe 18
Leitbild 8, 127
Leitbild, Beispiel 21
Leitbild, Dimensionen 15
Leitbilderstellung, Ablauf-
 diagramm 18

Leitbilderstellung, Prozeß 16 ff.
Leitbild, Funktionen 15
Liquidität 9

M
Management als Beruf 105
Managementausbildung 112
Managementbereiche 94
Managementkompetenzen 110
Marktbereiche 93
Marktdurchdringung 25
Marktentwicklung 25
Matrixorganisation 84
Mission 8, 87
Mitarbeiterqualität 132
modifiziertes 3-D-Schema 31
Muß-Kriterien 37

N
Navigationsschema 10
Nutzenerwartungen 37
Nutzenerwartungen, Erfüllungsgrad 50

O
Optionsansätze
– Ansoff 65
– Becker 66
– Drucker 66
– Hinterhuber 65
– Porter 66
Optionserarbeitung 140
Organisationskompetenz 117
organisatorisches Spannungsfeld 74

P
Planungshierarchie 75
Prioritäten 127
Problemlösungen
Produktbereiche 94

Produktentwicklung 25
Produktionsbereiche 94
Produkt-Markt-Kombinationen 52
Projektteams 18

Q
Qualitätssicherung 133

R
Reorganisationen, psychologische Aspekte 93

S
Schlüsselfaktoren erfolgreicher Unternehmensführung 9
Segmente, Attraktivität 43
Segmente, Auswahl 51
Segmente, Bewertung 44
Segmente, Bildung 39
Segmente, Größe 41
Segmentierung, Ziele 40
Segmentportfolio 48 f.
SGE-Ausschuß 78
SGE-Bildungsprozeß, Ablauf 33
SGE-Gesamtprojektleitung 79
SGE-Projektleiter 80
SGE's als Linienabteilungen 81
SGE's, Ausgliederung als Linienbereiche 82
SGE-Strategien 60
SGE-Struktur, Rahmenbedingungen 88
SGE-Struktur, reine 86
Soll-Kriterien 37
Stärken-Schwächen-Analyse 46
Strategieerarbeitung, 4-Phasen-Modell 62
Strategie und Struktur 69 f., 72 f.
strategische Checkfragen 92
strategische Geschäftseinheit, Charakteristiken 57

strategische Geschäftseinheit, organisatorische Verankerung 73 ff.
strategischer Planungsprozeß 13
Stufen eines idealtypischen Prozesses 32

T
Tätigkeitsbereich 23, 128
Team 107
Technologie-Segment-Kombinationen 52

U
Umfeldanalyse 136
Unternehmensanalyse 138
Unternehmensbereiche 64
Unternehmensleitbild 123
Unternehmensumfeld 63
Unternehmenszweck 7, 127
unternehmerisches Denken und Handeln 118

V
Verhaltensgrundsätze 23, 129
versteckte Matrix 83
Vertriebskanäle 94

W
Wettbewerbsposition 46
Wettbewerbssituation, Analyse 47
working smarter 103

Z
Ziele 127
Ziele und Prioritäten 22, 127

Weitere Management-Literatur

Utho Creusen / Paul Halbe
**Fusion
als unternehmerische Chance**
Das Fallbeispiel Bräutigam-OBI
1993, 152 Seiten, 68,– DM

Dennis C. Kinlaw
Spitzenteams
Spitzenleistungen durch
effizientes Teamwork
220 Seiten, 68,– DM

Jürgen Fuchs (Hrsg.)
Das biokybernetische Modell
Unternehmen als Organismen
2. Auflage 1994, 236 Seiten,
84,– DM

Baldur Kirchner
Dialektik und Ethik
Besser führen mit Fairneß
und Vertrauen
232 Seiten, 58,– DM

Peter Heintel / Ewald E. Krainz
Projektmanagement
Eine Antwort
auf die Hierarchiekrise?
X, 254 Seiten, 78,– DM

Baldur Kirchner
Rhetorik für Führende
Rede als Ausdruck
der Persönlichkeit
1993, 232 Seiten, 58,– DM

Hirzel Leder & Partner (Hrsg.)
Synergiemanagement
Komplexität beherrschen,
Verbundvorteile erzielen
1993, 272 Seiten, 89,– DM

Arthur D. Little (Hrsg.)
**Management
der Europa-Strategie**
1993, 238 Seiten, 78,– DM

Ingrid Keller
Das CI-Dilemma
Abschied von falschen Illusionen
2. Auflage 1993, 160 Seiten,
68,– DM

Rudolf Mann
Das visionäre Unternehmen
Der Weg zur Vision in zwölf Stufen
1990, 188 Seiten, 59,80 DM

Manfred F. R. Kets de Vries
Chef-Typen
Zwischen Charisma und Chaos,
Erfolg und Versagen
204 Seiten, 58,– DM

Attila Oess
Total Quality Management
Die ganzheitliche Qualitätsstrategie
3. Auflage 1993, 348 Seiten,
84,– DM

GABLER

BETRIEBSWIRTSCHAFTLICHER VERLAG DR. TH. GABLER, TAUNUSSTRASSE 52-54, 65183 WIESBADEN

Weitere Management-Literatur

Ute von Reibnitz
Szenariotechnik
Instrumente für die unternehmerische und persönliche Erfolgsplanung
2. Auflage 1992, 280 Seiten, 148,– DM

Gilbert J. Probst / Peter Gomez (Hrsg.)
Vernetztes Denken
Ganzheitliches Führen in der Praxis
2. Auflage 1981, 343 Seiten, 78,– DM

Friedrich Reutner
Die Strategie-Tagung
Strategische Ziele systematisch erarbeiten und Maßnahmen festlegen
1992, 310 Seiten, 134,– DM

Manfred R. A. Rüdenauer
Ökologisch führen
Evolutionäres Wachstum durch ganzheitliche Führung
1991, 320 Seiten, 68,– DM

Balz Ryf
Die atomisierte Organisation
Ein Konzept zur Ausschöpfung von Humanpotential
1993, 268 Seiten, 78,– DM

Thomas Sattelberger (Hrsg.)
Die lernende Organisation
Konzepte für eine neue Qualität der Unternehmensentwicklung
1991, 274 Seiten, 84,– DM

Christof Schulte (Hrsg.)
Holding-Strategien
Erfolgspotentiale realisieren durch Beherrschung von Größe und Komplexität
1992, 276 Seiten, DM 89,–

Dana Schuppert (Hrsg.)
Kompetenz zur Führung
Was Führungspersönlichkeiten auszeichnet
248 Seiten, 68,– DM

Gerhard Schwarz
Konfliktmanagement
Sechs Grundmodelle der Konfliktlösung
191 Seiten, 68,– DM

Georg Turnheim
Chaos und Management
2. Auflage 1993, 328 Seiten, 98,– DM

Rudolf Wimmer (Hrsg.)
Organisationsberatung
Neue Wege und Konzepte
1992, 384 Seiten, 89,– DM

Zu beziehen über den Buchhandel oder den Verlag.

Stand der Angaben und Preise: 1.10.1993
Änderungen vorbehalten.

GABLER

BETRIEBSWIRTSCHAFTLICHER VERLAG DR. TH. GABLER, TAUNUSSTRASSE 52-54, 65183 WIESBADEN

MIX
Papier aus verantwortungsvollen Quellen
Paper from responsible sources
FSC® C105338

If you have any concerns about our products,
you can contact us on
ProductSafety@springernature.com

In case Publisher is established outside the EU,
the EU authorized representative is:
**Springer Nature Customer Service Center GmbH
Europaplatz 3, 69115 Heidelberg, Germany**

Printed by Libri Plureos GmbH
in Hamburg, Germany